AF356757

MICHEL LÉVY FRÈRES, ÉDITEURS
RUE AUBER, 3, PLACE DE L'OPÉRA
LIBRAIRIE NOUVELLE
BOULEVARD DES ITALIENS, 15, AU COIN DE LA RUE DE GRAMMONT

PRIX **50** CENTIMES   PRIX **50** CENTIMES

LE PUITS QUI CHANTE

GRANDE FÉERIE EN TROIS ACTES ET VINGT TABLEAUX

PAR

MM. CLAIRVILLE ET E. GRANGÉ

DÉCORS DE MM. CHÉRET, POISSON, DARAN, RIVOLET ET COLLIGNON; — COSTUMES DESSINÉS PAR
M. MONTRÉAL ET EXÉCUTÉS PAR M. G. MORIN ET Mᵐᵉ BRACQ.

TRUCS de M. MORAND

[BALLETS DE M. JUSTAMANT. — MUSIQUE NOUVELLE DE M. RASPAIL.

REPRÉSENTÉE POUR LA PREMIÈRE FOIS, A PARIS, SUR LE THÉATRE DES MENUS-PLAISIRS,
LE 23 SEPTEMBRE 1871.

DISTRIBUTION DE LA PIÈCE

LE ROI CASCAMÉCHE XXXIX	MM. ALEXANDRE.	LAVANDIÈRE, ÉGYPTIENNE, SALAMANDRE..	L. GALLAY.
COQUELUCHE	WILLIAM.	ALMÉE, SALAMANDRE	BROCK.
SERPOLET	DUMOULIN.	ALMÉE, SALAMANDRE	B. OULETTE.
JARNICOTON	COURCELLES.	LYAGORE, SALAMANDRE	DE BELLEN.
TROMBOLINO-TROMBOLINI	C. LECUYER.	LISIANE, SALAMANDRE	BUHA.
BOULE DE PHOQUE	RAYMOND.	LAVANDIÈRE, HONGROISE	M. PERROT.
CLOCHEDOUX, GRAND ÉCUYER	LIANDRE.	CHINOISE, ONDINE	ESTELLE.
LE LIEUTENANT DE CORSAIRES	NIBAULT.	OLLIVIER	DELILLE.
FULGURIN	Mᵐᵉˢ EUDOXIE LAURENT.	FLAMMÈCHE, ONDINE	BERTHE.
FLEUR DE CASSIS	ANGELINA LEGROS.	LAVANDIÈRE, ONDINE	MEUNIER.
LA FÉE DES EAUX	CLARA LEMONNIER.	EULIMÈNE, VÉNITIENNE	BLANCHE-ROSE.
ELMINA	JEANNE THÉOL.	LAVANDIÈRE, SALAMANDRE	DUPLESSIS.
PAQUERETTE, FÉE CLAPOTTE	SUZANNE VIDAL.	AIDA, NÉGRESSE	LUCIE.
CLODOMIR	HÉLÈNE EMMA.	ONDINE, GARDE	LÉONTINE.
GRENOUILLETTE	DE L'ARTRE.		
PHOSPHORIEL	D. TAIGNY.	ÉCUYERS, PAYSANS, ONDINES, GARDES, SALAMANDRES, PAGES, SEIGNEURS,	
CATICHE, PRINCESSE ESPAGNOLE, SALA MANDRE	JENNY.	DAMES D'HONNEUR, ETC., ETC.	

ACTE PREMIER

PREMIER TABLEAU

Une salle de ferme ouvrant au fond sur la campagne. — A droite une grande cheminée. — Portes latérales. — Une table et des chaises, etc.

SCÈNE PREMIÈRE

JARNICOTON, puis CLOCHEDOUX.

JARNICOTON, à la porte du fond et parlant à la cantonade. A bientôt, vous autres! C'est à onze heures qu'on signe le contrat... n'allez pas vous faire attendre! (Se retournant et à Clochedoux qui entre avec deux pichets de vin.) Eh bien, voyons, Clochedoux, et ce vin?

CLOCHEDOUX, arrivant lentement. Le v'là, not'maître, ne vous émouvez pas!

JARNICOTON. As-tu tiré du meilleur, au moins?

CLOCHEDOUX. De c'lui qui gratte, oui, not' maître.

JARNICOTON. Un fameux jinglet!... C'est bon! pose ça sur la table auprès des gobelets et va-t-en à la cuisine embrocher les canards.

CLOCHEDOUX. Les canards... oui, not' maître.

Il sort par la gauche.

JARNICOTON, s'essuyant le front. Ouf! quel tintouin qu'un jour de noce! Heureusement qu'on ne marie pas sa fille tous les jours...

AIR : *J'ai vu le Parnasse des dames.*

Que de détails! j'en perds la tête!
C'est la toilett', c'est le repas,
Le contrat qu'il faut qu'on apprête...
Depuis hier, je n'débrid' pas!
Combler par un hymen prospère
Les vœux de son unique enfant,
Ah! c'est un beau jour pour un père...
Mais c'est tout d'même ben éreintant!
Sapristi! c'est ben éreintant!

SCÈNE II

JARNICOTON, SERPOLET, en toilette de marié, un gros bouquet à la main.

SERPOLET, paraissant au fond. Bonjour, père Jarnicoton.

JARNICOTON. Ah! v'là le marié!... C'est toi, Serpolet?

SERPOLET. Moi-même, en personne... j'arrive sur les ailes de l'amour, avec un bouquet pour ma prétendue.

JARNICOTON. Eh bien, approche donc, nigaud!... au lieu de rester à la porte comme un pot de fleurs.

SERPOLET. On peut entrer?... Ça ne vous dérange pas?

JARNICOTON. Eh! non!... Avance un peu, qu'on te regarde, qu'on t'examine!... Pristi! comme te v'là brave et requinqué! On dirait d'un soleil.

SERPOLET. Dame! le jour de ses noces, il est permis de s'adoniser un tantine.

JARNICOTON. C'est clair! la toilette, ça plaît aux jeunes filles.

SERPOLET. Et ma future, la charmante Elmina?

JARNICOTON. Elle est dans sa chambre, où elle achève de se pomponner.

SERPOLET. Ah!

JARNICOTON. Plains-toi donc!... C'est pour te plaire qu'elle cherche à se parer, gredin!

SERPOLET. Ah! pour me plaire, elle n'a pas besoin de parure... Je l'aime bien sans ça, allez!

JARNICOTON. Oui... oui... je sais que tu palpites pour elle.

SERPOLET. Depuis le biberon. Dame! nous avons tété le même lait... nous avons grandi ensemble dans le même village... nous avons joué ensemble à saute-mouton... et quand on a joué à saute-mouton avec une jeunesse, voyez-vous, père Jarnicoton, c'est pour la vie... Ces choses-là, ça attache.

JARNICOTON. Je comprends. De son côté, ma fille a d'l'amour pour toi, quoique tu sois un peu simple, un peu bête...

SERPOLET. Oh!

JARNICOTON. Ça n'est pas un défaut en ménage, au contraire. Aussi, mon garçon, quand tu m'as demandé Elmina,

je n'ai pas barguigné... j'ai répondu : Tope-là! Serpolet, tu seras mon gendre.

SERPOLET, avec chaleur. Et vous ne vous en repentirez pas, papa Jarnicoton. Votre fille sera heureuse!

JARNICOTON. Je le crois.

SERPOLET. D'abord, ça ne peut pas être autrement... nous sommes nés l'un pour l'autre.

JARNICOTON. Oui-dà! Comment arranges-tu ça?

SERPOLET. C'est tout simple!... Suivez bien mon raisonnement...

AIR : *Ni vu ni connu, j'l'embrouille.*

Vot'fille n'a-t-elle pas
L'éclat, les appas
D'un' fleur nouvell'ment éclose?
Oui, charmante fleur,
Elle a la couleur
Et le parfum de la rose.
Du nom simplet
De Serpolet
J'dispose;
V'là d'not' ardeur,
De not' bonheur
La cause;
Nous d'vions nous conv'nir,
Puisqu'on voit s'unir
Le serpolet et la rose!

JARNICOTON, riant. Ah! ah! pas mal!... pas mal!... Tu as quéque fois des idées, tout bête que tu es!

SERPOLET. Ah! bête!... c'est-à-dire...

JARNICOTON. Chut!... j'entends Elmina.

SERPOLET, très-ému. C'est elle! O bonheur!... mon cœur bat à casser mes bretelles!

SCÈNE III

LES MÊMES, ELMINA, en costume de mariée de village.
Elle entre par la gauche, d'un air pensif.

JARNICOTON. Arrive donc, fillette!... Ton futur t'attend avec impatience.

ELMINA, préoccupée. Ah! Serpolet!... il était là.

JARNICOTON. Parbleu! il sèche sur pied... lui et son bouquet...

SERPOLET, l'offrant. Que j'ai *cueilli* moi-même à ton intention.

ELMINA, froidement. Ah! c'est bien gentil!... je vous remercie, Serpolet.

SERPOLET, étonné. Vous!

JARNICOTON. Comme tu lui dis ça? Et puis, pourquoi donc que tu le *voules* à c't'heure?

SERPOLET. Tu ne me tutoyes plus, Elmina?

JARNICOTON. Lui, un camarade d'enfance!...

SERPOLET. Moi qui, dans une heure, serai ton petit mari...

ELMINA, à part, avec effroi. Mon mari!

JARNICOTON. Ah çà, voyons, de quoi qu'y retourne? Tant plus l'mariage approche, et tant plus tu sembles soucieuse... m'est avis qu'y a quéqu'anguille sous cloche.

SERPOLET, jaloux. Quéqu'anguille?

JARNICOTON. Voyons, parle!... Qu'est-ce qui t'chiffonne?

SERPOLET. Qu'est-c' qui t'asticote, Elmina?

ELMINA, embarrassée. Moi?... mais rien... rien, je vous assure.

JARNICOTON. Si fait! on ne trompe pas le regard d'un père... j'ai du flair... et depuis quéques jours, j'ai remarqué que tu n'es pas dans ton assiette.

ELMINA, troublée. Mon père!...

JARNICOTON. Tu rougis... tu baisses les yeux... donc tu as un secret.

ELMINA. Un secret!...

SERPOLET. Le moment est solennel... Expliquez-vous, Elmina!

ELMINA. Eh bien, oui... je vais tout vous dire.

JARNICOTON. Je t'écoute.

SERPOLET. Nous t'écoutons.

ELMINA. Ça cause de mes préoccupations, de mes ennuis, c'est un rêve.

JARNICOTON et SERPOLET. Un rêve!...

ELMINA. Oui, un rêve qui me poursuit, qui, depuis quelque temps, trouble mon sommeil.

SERPOLET. Ah! bah!...

JARNICOTON. Conte-nous donc ça.

ELMINA.

Air : de *Chilpéric.*

Sitôt que je sommeille,
Une voix tinte à mon oreille,
Et je vois, ô merveille,
Un farfadet
Qui m'apparaît.
Ah ! de peur il me glace !
Sur son front respire l'audace ;
Son œil est flamboyant,
Il me tient un langage attrayant :
C'est très-gentil, mais c'est bien effrayant !
Toute la nuit,
Dans mon réduit,
Ce rêve-là m'obsède et me poursuit.
Ah ! quel destin.
Jusqu'au matin,
D'être exposée au pouvoir d'un lutin !
REPRISE ENSEMBLE.
Toute la nuit

Dans { mon / son } réduit

Ce rêve-là { m' / l' } obsède et { me / la } poursuit

Ah ! quel destin,
Jusqu'au matin,
D'être exposée au pouvoir d'un lutin.

ELMINA.

II

Dans l'ombre et le mystère,
A mon chevet, sa voix profère
Des mots pleins de colère,
Puis, tour à tour,
Remplis d'amour.
« Ah ! dit-il, crains ma rage,
« Ou renonce au serment qui t'engage.
« Fuis un hymen fatal,
« Car alors mon pouvoir infernal
« Saurait atteindre et frapper mon rival !... »
Toute la nuit, etc.
REPRISE ENSEMBLE.
Toute la nuit, etc.

SERPOLET. Diable ! un lutin !... c'est inquiétant !
JARNICOTON. Bah ! nigaud !... se tourmenter pour un rêve ! Sottises que tout ça ! Elle aura eu le cauchemar, v'là tout !
CLOCHEDOUX, *accourant par le fond.* Not' maître ! not' maître ! v'là toute la noce !
JARNICOTON. Nos invités !... bravo !... (A Serpolet et à Elmina.) Ne songeons plus à ces balivernes... et vive la gaieté !
SERPOLET. C'est ça, vive la gaieté !

SCÈNE IV

LES MÊMES, CLOCHEDOUX, PAQUERETTE, CATICHE *et toute la noce, précédée de deux ménétriers.*

CHŒUR

Air : *Ronde de la Chatte merveilleuse.*

Jeunes filles, jeunes garçons,
Joyeusement chantons, dansons,
Et célébrons les nœuds si doux
Des deux nouveaux époux !
Gai ! gai ! c'est un beau jour
Pour le pays, pour les gens d'alentour !
Gai ! gai ! dans ce beau jour,
L'amitié trinque et sourit à l'amour !
Gai ! gai ! que le crin-crin
Nous mette en train
Gai ! gai ! voilà notre refrain !
Fillettes et garçons,
Joyeusement chantons, dansons !
TOUS, *criant.* Vivent les mariés !
SERPOLET. Merci, merci, mes bons amis !... ma future et moi, nous sommes bien sensibles à vot' politesse.
JARNICOTON. Allons, Clochedoux, dépêche-toi de remplir les verres... et buvons un coup en attendant la signature du contrat !
TOUS. Buvons !...
Ils remontent vers la huche. — Clochedoux verse à la ronde.
PAQUERETTE et CATICHE, *s'approchant d'Elmina qui est restée sur le devant.* Bonjour, Elmina !...

ELMINA, *leur tendant la main.* Pâquerette ! Catiche !
PAQUERETTE. Tes demoiselles d'honneur.
CATICHE. Eh ben, c'est aujourd'hui l'grand jour... Tu dois être ben contente ?
ELMINA. Oh ! oui, certainement.
PAQUERETTE. Avoir un homme à soi, être la maîtresse au logis, c'est le bonheur, ça !
CATICHE. Ah ! quand est-ce donc que viendra mon tour ?... mais j'ai pas d' chance !... mon fiancé est parti pour l'armée !
PAQUERETTE. Moi c'est pas les amoureux qui m' manquent ; mais ma mère dit que j' suis trop jeune... elle n' veut marier qu'aux abricots.
CATICHE. Et les adorateurs soupirent pour des prunes.
LES GENS DE LA NOCE, *trinquant.* A la santé des mariés !... ...
PAQUERETTE, *à Elmina.* Eh ben ! tu restes là ?... tu ne viens pas avec eux ?...
ELMINA. Moi ?... si fait !... volontiers !...
JARNICOTON. Voyons, les enfants, faut nous égayer ! Je propose de chanter une ronde.
TOUS. Ah ! oui ! oui ! une ronde.
PAQUERETTE. Qu'est-c' qui entame ? C'est-y vous, m'sieu Serpolet ?
SERPOLET. Je veux bien !... avec plaisir !
CATICHE. C'est ça !... au marié l'honneur !...
SERPOLET. Attention, tout l' monde !... je commence !

Air *nouveau de monsieur Raspail.*

I

Jean, l' meunier d'un joli moulin
Epousa gentille meunière ;
L' premier mois, du soir au matin.
Il disait à sa ménagère :
Et tic et tac, et tin, tin, tin !
Moule, moule, moulons ma chère !
Et tic et tac, et tin, tin, tin !
L'eau fait v'nir l'or au moulin !
REPRISE ENSEMBLE.
Et tic et tac, etc.
PAQUERETTE. A moi !... deuxième couplet !

II

Dans leur moulin l' travail marcha
Rondement, une année entière ;
L'an d'après, Jean se relâcha,
N' disant plus d' la même manière :
Et tic tac et tin, tin, tin !
Moule, moule, moulons ma chère
Et tic et tac, et tin, tin, tin !
L'eau n' venait plus guère au moulin !
REPRISE ENSEMBLE.
Et tic et tac, etc.
SERPOLET. Troisième et dernier couplet ! Moralité de l'apologue !

III

Jean s'en allait au cabaret,
Négligeant sa particulière
Pour courtiser le vin clairet ;
Que fit alors notre meunière ?
Et tic et tac, et tin tin, tin !
Pour garçon d' moulin ell' prit Pierre,
Et tic et tac, et tin, tin, tin !
L'eau revint d' plus belle au moulin !
REPRISE ENSEMBLE,
Et tic et tac, etc.
A la fin du chœur, on trinque et l'on boit.

JARNICOTON. Mais, avec tout ça, maître Coqueluche n'arrive pas.
SERPOLET. Le tabellion ?...
JARNICOTON. Il m'avait promis d'être ici à onze heures précises.
SERPOLET. P't'être qu'il est indisposé...
JARNICOTON. Clochedoux, cours chez lui, et amène-le nous, mort ou vif.
CLOCHEDOUX. J'y vas, not' maître.
On entend tousser au fond.
JARNICOTON. C'est lui !... je le reconnais à sa pituite !.......
A Coqueluche qui paraît au fond. Arrivez donc, maître Coqueluche !

SCÈNE V

LES MÊMES, COQUELUCHE.

COQUELUCHE. Me voici !... me voici !... est-ce que je suis en retard ?

JARNICOTON. D'un bon quart d'heure.

COQUELUCHE. Pardon !.. au moment de partir. (*Toussant.*) Hum!... hum!... j'ai été pris... hum!... hum!... par une quin... hum... hum.. une quinte...

JARNICOTON. Diable !... vous avez là un mauvais rhume.

SERPOLET. Faut soigner ça.

COQUELUCHE. Je me soi... hum... hum... je me soigne... je prends du ju...

JARNICOTON. Du jus de réglisse?

COQUELUCHE. Non... du jujube... de la pâte Regnaud... et ça s'en va... ça pas... hum... hum... ça passe... Tous mes rhumes passent très-faci... hum... hum... très-facilement.....

JARNICOTON. Vrai?

COQUELUCHE. Oui. Il n'y a que... que le premier que je n'ai jamais pu guérir... mais ça se calme, ça va mieux.

SERPOLET. C'est heureux !

JARNICOTON. Alors nous pouvons signer.

COQUELUCHE. Un instant !... procédons par ordre... Avant tout... (*Il tousse.*) je dois remettre au futur conjoint le dépôt que son oncle m'a confié pour lui... en mou... (*Il tousse.*) en mourant... avec ordre de le lui donner le jour de son mariage.

SERPOLET. Ah! oui, je sais... mon héritage.

TOUS. Un héritage !...

JARNICOTON. Bravo !... un héritage ne gâte jamais rien... voyons le dépôt.

COQUELUCHE. Le voici, dûment ficelé et cacheté.

Il tire une boîte de sa poche et la remet à Serpolet.

SERPOLET, *la prenant avec émotion.* Cher oncle Beedezine !.. Je suis sûr qu'il y a là dedans quéqu' bon coupon de rente au porteur... ou bien des billets de banque.

JARNICOTON. C'est ben possible ! j'ai toujours soupçonné que le bonhomme avait un bas.

SERPOLET, *ouvrant la boîte ; tout le monde regarde avec attention.* Hein ?... qu'est-ce que c'est que ça ?... une peau d'anguille !

TOUS. Une peau d'anguille !

SERPOLET. Comment !... c'est là mon héritage ? eh bien ! il est gentil le présent !... au diable, la peau !

Il jette la peau d'anguille dans la cheminée. Aussitôt on entend un coup de tam-tam, une grande flamme sort du foyer et Fulgurin apparaît au milieu du feu.

TOUS, *poussant un cri d'effroi.* Ah !

SCÈNE VI

LES MÊMES, FULGURIN.

ELMINA, *à part avec frayeur.* C'est lui !... c'est le lutin que j'ai vu en rêve !

FULGURIN, *la peau d'anguille à la main et très-gaîment.* Merci, Serpolet ! Cette peau était un talisman qui devait assurer ton bonheur, et me retenait captif. Grâce à toi, me voilà libre, et je puis te disputer Elmina que j'aime. Tu m'as fourni des verges pour te fouetter.

JARNICOTON. Mais qui donc êtes-vous ?

SERPOLET, *tremblant.* Oui, au fait... qui êtes-vous ?

FULGURIN.

AIR *du château à Toto.*

Je suis le roi des salamandres
Et pour empire j'ai le feu ;
Je réduis, je mets tout en cendres,
Pour mon pouvoir ce n'est qu'un jeu.
    Guerre à qui me bravera,
    A qui me résistera !
A l'imprudent, il en cuira !
Car je me nomme Fulgurin,
Des flammes je suis souverain !
Ne chassez pas sur mon terrain,
Ou redoutez, redoutez Fulgurin !

JARNICOTON. Tu crois nous faire peur?... mais c'est comme si tu chantais?... ça ne nous empêchera pas de signer le contrat.

FULGURIN. Essayez !

JARNICOTON. Oui, que j'essayerai !... et pas pus tard que tout d' suite !... (*Regardant de tous côtés.*) Ah çà ! où donc est passé l' notaire ?

SERPOLET, *criant.* Eh ! tabellion !... où êtes Coqueluche !.....

On entend tousser sous la table.

JARNICOTON. Tiens ! le v'là sous la table. (*Le forçant à se lever.*) Allons, poltron, c'est pas d'ssous qu' faut vous mettre, c'est devant !... le contrat, vivement !

COQUELUCHE, *le tirant de sa poche et le mettant sur la table.* Voilà !... voilà !...

FULGURIN, *à part.* Amusons-nous !

Il agite la peau d'anguille, les pieds de la table grandissent démesurément et la table monte jusqu'aux frises.

COQUELUCHE. Oh ! la table qui grandit !...

SERPOLET. Elle grandit à vue d'œil...

COQUELUCHE. C'est donc une table à ressorts ?...

SERPOLET. Une table à rallonges !...

Fulgurin se met à rire.

JARNICOTON, *à lui-même.* Je d'vine ! c'est un tour de c' maudit lutin.

La table descend.

COQUELUCHE. Ah ! elle redescend.

SERPOLET. Attendez... j'vas la caler ! *Il s'étend dessus ; la table baisse tout à coup jusqu'au ras du sol et Serpolet tombe sur le nez.* Oh !

ELMINA. Ciel !

JARNICOTON. Saperlotte !...

SERPOLET, *se relevant.* Voilà une table insupportable !

JARNICOTON. Voyons, ne perdons pas de temps ! (*A Coqueluche en lui présentant une chaise.*) Asseyez-vous là !

Coqueluche va pour s'asseoir. Fulgurin agite la peau. La chaise change de place et Coqueluche tombe sur le dos.

COQUELUCHE, *criant.* Ah ! que c'est bête !

JARNICOTON. Quoi ?

COQUELUCHE, *se levant et se frottant les reins.* Farceur !... vous avez reculé la chaise.

JARNICOTON. Moi ?... j'ai rien reculé du tout !

Il va pour s'asseoir ainsi que Coqueluche et Serpolet. Même jeu de Fulgurin. Les chaises glissent et les trois hommes tombent à la renverse.

LES TROIS HOMMES, *criant.* Aïe !

SERPOLET. Encore !...

COQUELUCHE, *se frottant.* J'en aurai un lumbago !

Ils se relèvent tous trois. Les chaises se mettent à danser.

SERPOLET. Bon !... v'là l' mobilier qui se trémousse à c't' heure !

ELMINA, *à part, très-effrayée..* Ah! mon Dieu !... qu'est-ce que tout ça veut dire ?... je tremble !...

COQUELUCHE. Tenez, Jarnicotor, si vous m'en croyez, nous remettrons la signature à un autre jour.

ELMINA. Oui... en effet, mon père, monsieur le notaire a raison... il serait plus prudent...

JARNICOTON. Nou pas !... j'y mettrai de l'entêtement !.. signons !...

SERPOLET, *avec résolution.* Eh bien, oui ! signons !

Fulgurin agite de nouveau la peau ; le contrat, les plumes s'envolent par la fenêtre.

COQUELUCHE. Ah ! le contrat, les plumes qui s'envolent !...

L'écritoire se change en coucou et s'envole aussi, en poussant le cri consacré : cou-cou ! cou-cou !

SERPOLET. Diable !... voilà un cri de mauvais augure !

COQUELUCHE. Impossible de signer !...

FULGURIN. Et maintenant, à moi Elmina !...

ELMINA. A vous !... jamais !

JARNICOTON. Ma fille !...

SERPOLET. Ma fiancée !...

FULGURIN, *s'emparant d'Elmina.* Tu lutterais en vain !... ta résistance se brise contre ce talisman !...

Il l'entraîne et disparaît avec elle par la cheminée.

TOUS, *poussant un cri de terreur.* Ah !

Jarnicoton et Serpolet s'élancent vers la cheminée ; mais des flammes s'en échappent et les arrêtent.

SERPOLET. Grand Dieu !... Il l'emmène !...

JARNICOTON. Poursuivons-les !

ENSEMBLE

Air de *Chilpéric,*

Courons! courons!
Et dépêchons!
A ce gueux-là
Reprenons Elmina !
Vite en chemin !
Partons soudain
Pour l'arracher au pouvoir du lutin !

Sortie générale et en désordre par le fond.

DEUXIÈME TABLEAU

Une grotte.

SCÈNE PREMIÈRE

LE ROI, FLEUR DE CASSIS. CHASSEURS.

CHŒUR

Air *Des chasseresses* (Luizi Bordése).

En chasse! (Ter)
Les piqueurs encor (Bis.)
Font retentir le cor!
Poursuivons la bécasse,
Le lièvre aux abois (Bis.)
Sur les monts, dans les bois!

LE ROI, entrant. Par ici!... venez donc, ma sœur, venez donc!

FLEUR DE CASSIS, entrant. Me voilà! me voilà! Ah çà! mon frère, où me conduisez-vous donc!

LE ROI. Vous le voyez bien, nous chassons...

FLEUR DE CASSIS. Dans une grotte?

LE ROI. Oui, c'est ma manière de chasser.

FLEUR DE CASSIS. Mais, en vérité, je crois que vous avez perdu l'esprit! Comment, j'arrive à votre cour après dix-sept ans d'absence...

LE ROI, rectifiant. Vingt-cinq.

FLEUR DE CASSIS. Pauvre fleur étiolée, à l'ombre de mon vieux manoir situé au fond des Abruzzes, j'espérais m'épanouir au soleil de vos grandeurs et je tombe dans un palais mille fois plus triste que ma châtellenie. Enfin vous m'annoncez une chasse... Je sais que l'amazone me va bien, je me fais une fête de traverser vos domaines, en caracolant sur ma haquenée, aux yeux de vos vassaux émerveillés de ma désinvolture et de mon adresse... Et voilà que vous m'amenez à pied dans une grotte. Que signifie, roi Cascamèche?.. Expliquez-vous, de grâce!

LE ROI. Hélas! Fleur de Cassis, ma sœur, depuis que nous nous sommes séparés, il y a vingt-cinq ans.

FLEUR DE CASSIS, rectifiant. Dix-sept, mon frère...

LE ROI. Dix-sept, si vous voulez... La destinée s'est montrée bien cruelle à mon endroit.

FLEUR DE CASSIS. La destinée?

LE ROI. Mais il s'agit de détails intimes, d'un mystère de la vie privée... (Aux chasseurs.) Allez tous m'attendre au rendez-vous de chasse.

PREMIER CHASSEUR. Oui, sire.

REPRISE DU CHŒUR

En chasse, etc., etc.

Ils sortent.

SCÈNE II

LE ROI, FLEUR DE CASSIS.

FLEUR DE CASSIS. Parlez, mon frère... votre air mystérieux m'intrigue.

LE ROI. Vous vous rappelez qu'il y a dix-sept ans, la reine, mon auguste épouse, me gratifia, pour ma fête, d'une petite fille, l'unique fruit de notre amour. Cette petite fille était blonde comme moi.

FLEUR DE CASSIS. Dans ce temps-là.

LE ROI. Elle avait mon nez, -- un nez adorable — mes yeux, — des yeux bleus superbes. Elle était charmante, c'était tout mon portrait.

FLEUR DE CASSIS. Eh bien?

LE ROI. Eh bien, ma sœur, un soir que la reine l'avait confiée à sa nourrice, et que sa nourrice était allée causer politique avec mon grand écuyer, cette enfant me fut ravie.

FLEUR DE CASSIS. Est-il possible!

LE ROI. Oui, enlevée de son berceau!

FLEUR DE CASSIS. Et par qui?

LE ROI. On n'a jamais pu savoir.

Air de Calpigi.

Bien vite, au son de la trompette.
J'offre une récompense honnête
A qui me la rapportera;
Il fallait commencer par là,
Vous devez comprendre cela!

FLEUR DE CASSIS.
Ah! son sort est digne d'envie,
Car moi-même, toute ma vie,
Je n'ai cessé de souhaiter
Que l'on me fasse trompetter.

Eh bien, vous la rapporta-t-on?

LE ROI. Jamais!

FLEUR DE CASSIS. C'est étrange!

LE ROI. Enfin, après mille recherches plus infructueuses les unes que les autres, l'idée me vint d'aller consulter une somnambule.

FLEUR DE CASSIS. Une somnambule?

LE ROI. Dont j'avais ouï parler comme d'une voyante de première lucidité.

FLEUR DE CASSIS. C'est palpitant! Ensuite?

LE ROI. J'allai donc trouver cette pythonisse, et, après lui avoir mis dans la main un écu de six livres: Pouvez-vous, lui demandai-je, me dire ce qu'est devenue ma fille?—Non, me répondit-elle, je ne la vois pas; mais donnez-moi encore trois francs et je vous le dirai.

FLEUR DE CASSIS. Une carotte!

LE ROI. Ça me fit cet effet-là. Pourtant, comme il y allait de ce que j'avais de plus cher au monde, je lâchai les trois francs... et alors cette femme m'apprit que je retrouverais un jour ma fille dans une grotte. Voilà pourquoi depuis ce temps je ne chasse plus que dans les grottes... où, par parenthèse, je ne trouve pas plus de fille que de gibier.

FLEUR DE CASSIS. Singulière prédiction!...

SERPOLET, dans la coulisse. Venez!... venez!... suivez-moi!...

LE ROI. Hein? qu'est-ce qui vient là?

FLEUR DE CASSIS, allant regarder. Ce sont trois paysans.

LE ROI. Trois paysans, ce ne peut être ma fille.

SCÈNE III

LES MÊMES, SERPOLET, JARNICOTON, COQUELUCHE.

SERPOLET, entrant précipitamment. Par ici... par ici... entrons!

JARNICOTON. Tu crois que c'est dans cette grotte?

SERPOLET. Oui, c'est de ce côté qu'il a dû la conduire.

LE ROI, intrigué. La conduire, qui?

COQUELUCHE, entrant tout essoufflé. Arrêtez! pas si vite!... Avez-vous juré de m'époumonner?

LE ROI, à lui-même. Ils ont parlé de grotte. (Haut.) Que voulez-vous, manants?

SERPOLET, interdit. Oh!... le roi.

JARNICOTON, COQUELUCHE. Le roi!

LE ROI. Répondez! Qui êtes-vous?... que cherchez-vous ici?...

SERPOLET, embarrassé. Sire...

FLEUR DE CASSIS, jouant de la prunelle. Parle sans crainte, beau jouvenceau. Et d'abord comment te nomme-t-on?

SERPOLET. Serpolet, fermier d'alentour.

FLEUR DE CASSIS. Serpolet, quel nom poétique!

LE ROI. Taisez-vous, ma sœur. (A Serpolet.) Voyons, parle, que cherches-tu dans cette grotte?

SERPOLET. Hélas! sire, nous cherchons ma fiancée.

LE ROI. Ta fiancée?

FLEUR DE CASSIS. Tu avais une fiancée?

JARNICOTON. Ma fille Elmina, qu'on m'a enlevée.

LE ROI. Qui ça?

SERPOLET. Un esprit.

LE ROI. Un esprit, je n'en connais pas... il n'y a jamais eu d'esprit dans mon royaume. On enlève donc aussi les vilaines?

SERPOLET, choqué. Les vilaines!... Elmina est très-jolie.

JARNICOTON. Une blonde charmante.

LE ROI. Blonde?

SERPOLET. Comme les blés.

JARNICOTON. Et des yeux bleus longs comme ça.

LE ROI. Des yeux bleus?

SERPOLET. Comme l'azur.

LE ROI. Juste le signalement de ma fille Émeraudine. Et quel âge a ta fiancée?

SERPOLET. Dix-sept ans.

JARNICOTON. Aux cerises.

LE ROI, très-ému. Dix-sept ans aux cerises, c'est elle.

JARNICOTON. Hein?

SERPOLET. Qui ça, elle?...

LE ROI. Dix-sept ans... les yeux blonds... les cheveux bleus... un enlèvement mystérieux... c'est ma fille.

JARNICOTON. Pardon, sire, c'est la mienne.

LE ROI. La tienne ? quoi, la tienne ? Tu as une fille, toi ?

JARNICOTON. Mais oui, sire, sous vot' respect.

LE ROI. Tu en es sûr ?

JARNICOTON. Dame ! ma femme me l'a toujours dit.

LE ROI. Ce n'est pas une raison.

JARNICOTON. D'ailleurs, m'sieu l'tabellion, que v'là, peut vous certifier...

LE ROI. Voyons, que peut-il certifier ? (A Coqueluche qui prend dans une boîte de la guimauve.) Parle.

COQUELUCHE. Sire ! (Toussant.) Hum... hum !... il est vrai que... hum... sur l'acte de naissance... (Suffoquant.) je vas vous dire... ils m'ou fait cou... cou... hum... hum... courir, et...

LE ROI. Mais cet homme est asthmatique ! Où est cette jeune fille ? je veux la voir.

SERPOLET. Impossible ! puisqu'elle est égarée.

LE ROI. Ce n'est pas une raison. Montre-la moi, ou je vous fais tous les trois pourrir sur la paille humide des cachots.

JARNICOTON. Mais, sire, permettez...

LE ROI. Pas un mot de plus ! où est-elle ? Répondez !...

SERPOLET. Mais nous n'en savons rien.

JARNICOTON. Rien, absolument.

En ce moment une partie du fond s'ouvre et dans une roche brillante apparaît la Fée des Eaux.

SCÈNE IV

LES MÊMES, LA FÉE DES EAUX.

LA FÉE DES EAUX. Je le sais, moi !

TOUS. Une fée !

LA FÉE DES EAUX. La Fée des Eaux, l'éternelle ennemie de celui qui vous a ravi Elmina. Il fuyait en l'emportant évanouie, et ce n'est qu'à l'aide d'une ruse que je suis parvenue à l'éloigner ; mais hâtez-vous, si vous voulez la lui reprendre.

SERPOLET. Si nous l'voulons ?

JARNICOTON. Jarnibleu ! j'crois bien !

LA FÉE DES EAUX.

Air *Des Hirondelles.*

Je puis vous rendre celle
Qu'un lutin vous vola,
Que votre cœur appelle.

LE ROI, JARNICOTON, SERPOLET.
Parlez ! où donc est-elle ?

LA FÉE DES EAUX.
La voilà !   (Ter.)

Le fond de la grotte disparaît, et dans une seconde grotte à demi-fantastique et brillamment éclairée, on aperçoit Elmina étendue sur un bloc de rocher et entièrement inanimée.

JARNICOTON. Elmina !...

LE ROI. Ma fille !

JARNICOTON. Mais non, la mienne !

SERPOLET. Ma fiancée !

LE ROI, s'élançant sur le rocher où se trouve Elmina. Arrière, paysan !

SERPOLET. Comment, arrière !... Mais dites donc, vous, à la fin !

Le rocher sur lequel se trouve le roi et Elmina se transforme en un nuage qui les emporte tous les deux.

JARNICOTON. Ciel !

SERPOLET. Elmina !

FLEUR DE CASSIS. Mon frère !... ah ! courons.
Elle s'élance hors de la grotte.

SERPOLET. Il l'enlève !

LA FÉE DES EAUX. Et tu ne pourras la retrouver que quand tu auras repris ta peau d'anguille.
Elle disparaît.

SERPOLET. La reprendre ? ça n'est pas facile... c'est comme si je cherchais une aiguille dans une botte de foin.

SCÈNE V

LES MÊMES, FULGURIN, paraissant dans le fond de la grotte.

FULGURIN, à part. Enfer ! c'était un piège ! et j'arrive trop tard !

SERPOLET, se désespérant. Enlevée de nouveau ! où la retrouver à présent ?

JARNICOTON. Où le trouver ?.. Eh ! jarni ! au palais du roi !

FULGURIN, à part. Au palais du roi !

SERPOLET. Allons-y !... venez, tabellion !

COQUELUCHE. Comment ! encore courir !... ah ! mais non !.. je suis éreinté !

JARNICOTON. Passons de ce côté !... partons.

SERPOLET. Partons !...

FULGURIN, à part. Commençons par me venger sur eux !
Il agite la peau d'anguille ; une pierre qui se trouve sur le passage de Serpolet se change en une tête monstrueuse.

SERPOLET.

Air : *Final du Fils du mercier.*

Ciel !

JARNICOTON et COQUELUCHE.
Au secours ! A l'aide !

SERPOLET.
C'est une monstruosité !

COQUELUCHE.
Voyez donc, qu'elle est laide !

SERPOLET.
Passons de cet autre côté !
Ils traversent le théâtre et sont arrêtés par un autre rocher qui, sur un signe de Fulgurin, se transforme en un géant grotesque.

TOUS.
Ciel ! au secours, à l'aide !
Vite, vite, fuyons ces lieux !
Car l'enfer, seul possède
Des spectres aussi hideux.
Tout le théâtre se couvre de géants effroyables qui sortent des rochers.

TOUS ENSEMBLE, et sur place.
Horreur ! tous nos membres frissonnent,
Je n'ose faire un mouvement !
Mille spectres nous environnent.

COQUELUCHE.
Pauvre notaire, en ce moment
Je puis faire mon testament !

REPRISE.
Ciel ! au secours ! à l'aide ! etc.
Sur cette reprise grand mouvement des trois personnages qui fuient de tous les côtés, et des géants qui les poursuivent. — Fulgurin rit aux éclats, en agitant la peau d'anguille.

QUATRIÈME TABLEAU

L'extérieur du château du roi Cascavèche. A droite, aux premier et deuxième plans, une tourelle praticable, avec porte et une fenêtre au-dessus.

SCÈNE PREMIÈRE

LE ROI, FLEUR DE CASSIS, ÉCUYERS.

LE ROI, entrant suivi de Fleur de Cassis et des écuyers... Vous m'avez entendu, écuyers ? que mes ordres soient suivis de point en point !

UN ÉCUYER. Oui, sire.

LE ROI. Maintenant que, par un miracle inespéré, j'ai retrouvé la princesse, ma fille, je tiens à la caser au plus vite, il est de toute nécessité de lui trouver un époux, afin de donner des héritiers à la couronne.

FLEUR DE CASSIS. Eh bien ! mon frère, est-ce que je ne suis pas là pour me charger de ce soin ?

LE ROI. Vous !... allons donc ! Il y a prescription.

FLEUR DE CASSIS, à part. Brutal ! (Haut.) Il me semble qu'avant de vous occuper du mariage de la princesse, il serait séant de songer au mien.

LE ROI. Oui, par rang de dates !

FLEUR DE CASSIS.

Air *Adieu, je vous fuis, bois charmants*

On me doit la priorité...

LE ROI.
Croyez-vous donc qu'il soit d'usage
De passer à l'ancienneté
Sous les drapeaux du mariage ?

FLEUR DE CASSIS.
Pourtant, mon frère, écoutez donc,
J'ai droit, sans chanter mes louanges,
A la fleur d'oranger...

LE ROI.
                Parlez!
Vous n'avez droit qu'à des oranges.
A votre âge, par Cupidon,
Vous n'avez droit qu'à des oranges!

FLEUR DE CASSIS, *furieuse.* Des oranges!... mais enfin, mon frère...

LE ROI, *l'interrompant.* Mais enfin, ma sœur, ne me rompez pas les oreilles!... Corbœuf! laissez-moi remplir mes devoirs de père et de monarque.

FLEUR DE CASSIS, *d'un ton pincé.* Soit, je me tais!... je saurai pourvoir moi-même à mon établissement.

LE ROI. Eh! pourvoyez-y. Prenez un mari, prenez-en dix!... mais flanquez-moi la paix. (*Aux écuyers.*) A-t-on proclamé à son de trompe qu'un steeple-chase était ouvert pour la main de la princesse?

L'ÉCUYER. Trois fois, Sire.

LE ROI. Et il ne s'est présenté aucun concurrent?

L'ÉCUYER. Pas encore.

LE ROI. C'est étonnant!... Dès que quelque prince ou quelque chevalier se présentera pour subir les épreuves, qu'on vienne me prévenir. Ah! si par hasard je dormais, qu'on me réveille.

L'ÉCUYER. Oui, seigneur.

FLEUR DE CASSIS. Venez me prévenir aussi. Vous entendez?...

LE ROI. Pourquoi?

FLEUR DE CASSIS. Je veux me mettre sur les rangs.

LE ROI, *à part.* Elle est à mettre aux incurables.

FLEUR DE CASSIS. Au nombre des nobles chevaliers qui vont concourir, peut-être se trouvera-t-il un appréciateur de mes charmes.

LE ROI. Au fait, c'est possible, dans le tas! (*Aux écuyers.*) N'oubliez pas mes recommandations.

FLEUR DE CASSIS. Ni les miennes.

AIR *du Duc d'Olonne.*

Que l'on me signale.
Sans perdre un instant,
A la main royale,
Chaque prétendant.

LE ROI.
Mais avant qu'on brigue
En ces lieux, tant d'attraits,
Pour faire un bésigue,
Rentrons vite au palais!

ENSEMBLE

LE ROI, FLEUR DE CASSIS.	LES ÉCUYERS.
Que l'on me signale,	Qu'ici l'on signale,
Sans perdre un instant,	Sans perdre un instant,
A la main royale	A la main royale
Chaque prétendant.	Chaque prétendant.

Le roi entre au château avec Fleur de Cassis et sa suite. Presqu'au même instant, on entend à gauche la voix de Serpolet.

SCÈNE II

SERPOLET, JARNICOTON, COQUELUCHE

SERPOLET. Par ici!... par ici!... venez.

Ils entrent. Serpolet est en chevalier, casque à visière. Jarnicoton est grotesquement costumé en écuyer et Coqueluche en page.

JARNICOTON, *à Coqueluche qui reste en arrière.* Avancez donc, traînard!

COQUELUCHE. Eh! un instant!... laissez-moi souffler.

SERPOLET. Vous soufflerez plus tard.

COQUELUCHE, *toussant.* Vous me faites courir... vous me forcez à vous suivre par monts et par vaux... au risque d'attraper une pleurésie.

SERPOLET. On vous payera vos vacations.

JARNICOTON. D'ailleurs, nous sommes au bout du voyage.

SERPOLET. Je reconnais le château du roi Cascamèche.

JARNICOTON. C'est là que doit se trouver ma fille.

COQUELUCHE. Eh bien! après?... quel est votre dessein?

SERPOLET. Comment, vous ne devinez pas? c'est pourtant bien simple... Nous nous présentons au donjon royal.

JARNICOTON. Nous demandons l'hospitalité.

SERPOLET. Et une fois la nuit venue, v'lan!...

JARNICOTON. Nous enlevons Elmina.

SERPOLET. Voilà! c'est simple comme bonjour.

JARNICOTON. Mais d'abord, si nous essayons de l'avertir de not' présence?...

SERPOLET. Attendez!... y m' pousse une idée.

COQUELUCHE. Laquelle?

SERPOLET. Faut lui donner une *sérénade.*

COQUELUCHE. Une sérénade!

JARNICOTON. Justement j'ai ma guitare.

COQUELUCHE. Et moi, un serpent.

SERPOLET. Savez-vous en jouer?

COQUELUCHE. Non, je ne joue que de la contrebasse.

SERPOLET. C'est la même chose... allons-y!

COQUELUCHE ET JARNICOTON. Allons-y!

Air de la sérénade du Canard à trois becs.

SERPOLET.
Dans ce donjon, gente pastourelle,
Prêtez l'oreille à mes accents!

JARNICOTON.
Jetez du haut de la tourelle
Sur nous des yeux compatissants!

SERPOLET.
L'amour op'r' plus d'un miracle.

JARNICOTON.
De la guitare c'est moi qui râcle.

ENSEMBLE.
Clin, clin, clin, clin, clin,
Trala, trala, trala!
Clin, clin, clin, clin!

SERPOLET.
Si ma voix jusqu'à vous pénètre,
Mettez le nez à la fenêtre!

TOUS.
Clin, clin, clin,
Plon, plon, plon, plon, plon, plon,
Trrra, trrrt, trrra!
Ecoutez ces sons-là!
Trrra, trrra, trrra,
Ces jolis troulala!
Ecoutez ces sons-là,
Près de vous nous voilà.
La, la, la, la, la, la, la, la, la, la.

SERPOLET, *voyant la fenêtre s'ouvrir.* Oh! la fenêtre s'entre-bâille!... elle nous a entendus... c'est elle!

ELMINA, *paraissant à la fenêtre.* Tenez, braves gens!
                            Elle leur jette un papier.
COQUELUCHE, *le ramassant.* Qu'est-ce que c'est que ça? (*Ouvrant le papier.*) Deux sous!

JARNICOTON. Deux sous!

SERPOLET. O humiliation!

COQUELUCHE. Elle nous a pris pour des virtuoses ambulants.

SERPOLET, *lui envoyant des baisers.* Mais c'est moi, Elmina! moi Serpolet! ton petit Serpo... (*La fenêtre se referme.*) Disparue!

JARNICOTON. Chou blanc!

COQUELUCHE. Si nous recommencions?

SERPOLET. Non!... vaut mieux entrer tout de suite... vite, vite, sonnons!

JARNICOTON. Ousqu'est la sonnette?

COQUELUCHE, *cherchant.* Il n'y en a pas!

JARNICOTON. Pas de sonnette! v'là un château mal outillé.

SERPOLET, *frappant à la porte.* Ouvrez! ouvrez! Cordon! s'il vous plaît!

La porte s'ouvre, un écuyer paraît.

SCÈNE III

LES MÊMES, OLLIVIER.

OLLIVIER. Que demandez-vous, messire chevalier?

SERPOLET. Sa Majesté est-elle visible? peut-on lui dire deux mots?

OLLIVIER. Monsieur serait-il un des prétendants qu'on attend?

SERPOLET, *étonné.* Un des prétendants?

OLLIVIER. Sans doute. Le roi, mon auguste maître, a mis au concours la main de la princesse sa fille.

JARNICOTON. C'est-à-dire, la mienne.

OLLIVIER. Hein?

SERPOLET, *allongeant une bourrade à Jarnicoton, bas.* Chut! (*Haut.*) Oui, oui... justement je suis un des prétendants qu'on attend. (*A part.*) Quelle chance!

JARNICOTON, *à part.* Comme ça tombe!

OLLIVIER. Alors vous ne pouvez entrer.

SERPOLET. Comment?

JARNICOTON. Et à cause?

OLLIVIER. Il faut d'abord subir les épreuves.

JARNICOTON et COQUELUCHE. Les épreuves ?

SERPOLET. Quelles épreuves ?

OLLIVIER. Le roi Cascamèche XXXIX voulant un gendre digne de lui, a décidé qu'il n'accorderait la princesse qu'à celui des concurrents assez intelligents pour deviner trois énigmes...

SERPOLET. Trois énigmes ?

JARNICOTON. En v'là une idée !

SERPOLET. Et ces énigmes, quelles sont-elles ?

OLLIVIER. Ce livre vous le dira.

Il lui remet un petit livre et rentre au château.

SERPOLET, *le suivant.* Mais permettez...

OLLIVIER. Devinez !...

Il lui ferme la porte au nez.

SCÈNE IV

SERPOLET, JARNICOTON, COQUELUCHE.

SERPOLET. Devinez... devinez... c'est aisé à dire.

JARNICOTON. Enfin quoi, pisque c'n'est qu'à c'te condition qu'on peut entrer au château, essayons.

SERPOLET. Essayons.

COQUELUCHE. Ça ne coûte rien.

SERPOLET. Tenez, Coqueluche, vous qu'avez des lunettes, et qu'êtes ferré sur la lecture, lisez-nous ça.

COQUELUCHE, *prenant le livre.* Volontiers. (*Lisant.*) Première énigme : Étant donné un vaisseau qui rentre au port, au retour des Indes, quel est l'âge du capitaine ?

JARNICOTON, *se grattant le front.* Son âge ?... hum... hum !... c'est assez vague.

COQUELUCHE, *de même.* Si encore, on savait à quel âge il s'est embarqué ?

SERPOLET, *de même.* Et combien de temps il est resté en voyage ?

JARNICOTON. J'y suis pas du tout.

SERPOLET. Et vous, tabellion ?

COQUELUCHE. Moi ! je donne ma langue au chat.

SERPOLET. Nous y reviendrons plus tard, passons à la seconde énigme.

JARNICOTON. C'est ça, passons à la seconde.

COQUELUCHE, *lisant.* Quand vous êtes au pied d'un peuplier où un rossignol a fait son nid, si vous voulez monter à l'arbre pour dénicher l'oiseau, de quel pied partez-vous ?

JARNICOTON, *vivement.* Du gauche !

SERPOLET. Du droit !

JARNICOTON, *insistant.* Du gauche !

COQUELUCHE. Pourquoi ?

JARNICOTON. Si vous êtes gaucher.

SERPOLET. Oui, mais, si vous ne l'êtes pas ?

COQUELUCHE. C'est juste, si vous ne l'êtes pas ?

JARNICOTON. Diantre, c'est très-embarrassant.

SERPOLET. Nous y reviendrons plus tard ! Passons à la troisième !

JARNICOTON. Ça y est ! passons à la troisième énigme.

COQUELUCHE. Oh ! celle-ci n'est pas difficile.

SERPOLET. Vrai ?

COQUELUCHE. Écoutez plutôt. (*Lisant.*) Quelle différence y a-t-il entre un conspirateur et une nourrice ?

SERPOLET. Eh bien ?...

JARNICOTON. Eh bien.

COQUELUCHE, *cherchant.* C'est drôle... j'avais le mot sur le bout des lèvres... mais il m'a échappé.

JARNICOTON. Que le diable vous patafiole !

COQUELUCHE. Dame ! écoutez donc, je suis si enrhumé..., ça m'ôte une partie de mes moyens.

SERPOLET. Saperlipopette, je ne devine pas !

JARNICOTON. Ni moi !

SERPOLET, *cherchant.* Quelle différence y a-t-il entre un conspirateur et...

Bruit de trompettes dans l'intérieur du palais. — La porte s'ouvre.

COQUELUCHE. On vient !

JARNICOTON. C'est le roi !

SERPOLET. Le roi ! fichtre !... (*Baissant la visière de son casque à moitié.*) Prudence et mystère !

SCÈNE V

LES MÊMES, LE ROI, FLEUR DE CASSIS,
SUITE D'ÉCUYERS ET DE PAGES.

CHŒUR

Ah ! que ce soit le bruit de la brise
Qui les fait chanter sous...

Et que ce séjour,   (*Bis.*)
En ce jour résonne
De doux lais d'amour !   (*Bis.*)

LE ROI. On vient de m'annoncer qu'un noble étranger se présentait pour concourir... je me suis dépêché de marquer le cinq cents, et je suis accouru.

FLEUR DE CASSIS, *minaudant.* Nous avons volé à votre rencontre.

LE ROI. Taisez-vous, ma sœur. (*A Serpolet.*) Et vous, chevalier, approchez.

SERPOLET, *à part.* Pristi ! qu'est-ce que j'vas lui dire ?

JARNICOTON, *à part.* Nous v'là gentils.

FLEUR DE CASSIS, *lorgnant Serpolet.* Il est bien découplé, ce jeune damoisel !

LE ROI, *à Serpolet.* Eh bien, avez-vous deviné les énigmes ?

SERPOLET, *embarrassé.* Hum... hum !... pas encore tout à fait... je brûle...

JARNICOTON. Nous brûlons.

SERPOLET. Il n'y a que le mot qui m'emberlificote.

JARNICOTON. Mon Dieu, oui, rien que ça.

COQUELUCHE. Si nous avions le mot...

SERPOLET. Ça irait tout seul.

LE ROI. Cherchez, car la main de ma fille est à ce prix.

FLEUR DE CASSIS, *à part.* Ah ! je le prendrais bien sans logogriphe, moi.

SERPOLET, *à part, se désolant.* Saperlotte, comment faire ?... j'ai beau chercher, je ne trouve rien.

LE ROI. Eh bien, voyons, y êtes-vous ?

La Fée des Eaux paraît et se tient à l'écart.

LA FÉE DES EAUX, *à part.* Venons à son secours !

SERPOLET. Attendez ! je crois que ça vient. (*La fée étend vers lui sa baguette.*) Ah !... j'y suis... j'ai deviné.

JARNICOTON, COQUELUCHE. Ah ! bah !

LE ROI. Voyons un peu. (*Redisant la première énigme.*) Étant donné un vaisseau qui rentre au port, au retour des Indes, quel est l'âge du capitaine ?

SERPOLET. Trente-neuf ans et quelques mois, parce qu'il approche de la quarantaine.

LE ROI. Bravo... mais la seconde énigme ?

SERPOLET. La seconde énigme ?

LE ROI. Oui. Quand vous êtes au pied d'un peuplier où un rossignol a fait son nid, si vous voulez monter à l'arbre pour dénicher l'oiseau, de quel pied partez-vous ?

SERPOLET. De quel pied ? (*La fée étend sa baguette.*) Parbleu, du pied de l'arbre.

JARNICOTON. C'est clair !...

COQUELUCHE. C'est le pont aux ânes !

LE ROI. De plus en plus fort !

FLEUR DE CASSIS, *avec enthousiasme.* Il est pétri d'esprit !

LE ROI. Mais cela ne suffit pas... il faut encore deviner la troisième énigme... c'est là que je vous attends, mon gaillard...

JARNICOTON, *à part.* Voilà l'échéant !

LE ROI. Quelle différence y a-t-il entre un conspirateur et une nourrice ?

SERPOLET, *cherchant.* Quelle différence ?... (*Même jeu de la fée.*) C'est qu'un conspirateur a un dessein caché, et qu'une nourrice a un des seins découvert.

TOUS. Bravo !... bravo !...

La Fée des Eaux disparaît.

LE ROI, *avec ravissement.* Voilà l'époux qui convient à ma fille Jeune inconnu, la princesse est à toi !

FULGURIN, *apparaissant, à part.* A lui !... jamais !

LE ROI. Venez, chevalier, je veux incontinent vous présenter à votre fiancée.

SERPOLET, *à part.* Quelle veine !

JARNICOTON, *à part.* Nous v'là sauvés.

FULGURIN, *à part.* Oui, compte là-dessus !

LE ROI, *présentant la main à Serpolet.* Entrons au château.

SERPOLET. Entrons ! (*Fulgurin agite la peau d'anguille ; au risque de se faire voir. — Serpolet jette un cri.*) Oh !

LE ROI. Que vois-je !... mais je le reconnais, c'est ce rustre que j'ai rencontré ce matin dans la grotte.

SERPOLET, *à part.* Pincé !

JARNICOTON, *à part.* Nous sommes fichus !

FULGURIN, *à part.* Tire-toi de là, mon bonhomme !

LE ROI. Comment, drôle, tu n'es pas chevalier et tu oses aspirer à la main de ma fille ?

JARNICOTON. De la mienne !

SERPOLET. Ma prétendue !

LE ROI. Silence, manants !

FLEUR DE CASSIS, *à part.* Quel dommage que ce ne soit qu'un vilain !

LE ROI, furieux. Des paysans !... des malotrus !... qu'on les chasse !

FULGURIN, à part. Victoire !

ENSEMBLE
Air : *Finale de l'Œil Crevé*, 2e acte.

C'est une trahison !
Cela n'a pas de nom !
Qu'on les chasse à l'instant d'auprès de ce donjon.
Don, don, digue, digue, digue, don !
Qu'on les chasse à l'instant d'auprès de ce donjon,
Et allez donc !

LE ROI.
Vite, écuyers, qu'on les chasse
Sans merci !

SERPOLET, JARNICOTON, COQUELUCHE.
Sire, écoutez-nous, de grâce !

LE ROI.
Hors d'ici !

FULGURIN, à part.
Mon rival qui triomphait,
C'est parfait,
Maintenant est distancé,
Enfoncé !

REPRISE DE L'ENSEMBLE.
C'est une trahison !
Cela n'a pas de nom !
Qu'on les chasse à l'instant / d'auprès de ce donjon,
Nous chasser sans pitié \
Don, don, digue, digue, digue, don !
Qu'on les chasse à l'instant / d'auprès de ce donjon,
Nous chasser sans pitié \
Et allez donc !

Les écuyers chassent les trois paysans, puis ils rentrent avec le roi et Fleur de Cassis au château.

SCÈNE VI
FULGURIN, LA FÉE DES EAUX.

FULGURIN, seul, riant. Ah! ah! ah!... Emballé, le Serpolet!
LA FÉE DES EAUX, reparaissant. Ne chante pas encore victoire!
FULGURIN. La Fée des Eaux! mon ennemie mortelle !
LA FÉE DES EAUX. C'est vrai, nous sommes rivaux.
FULGURIN, gaiement. Comme l'eau et le feu!
LA FÉE DES EAUX. Prends garde, Fulgurin!
FULGURIN. Tu protéges Serpolet ?
LA FÉE DES EAUX. Par ce seul motif que tu veux le perdre.
FULGURIN. Je brave ton pouvoir.
LA FÉE DES EAUX. Je déjouerai tes projets.
FULGURIN. C'est donc la guerre que tu veux ?
LA FÉE DES EAUX. Eh! bien oui, c'est la guerre !
FULGURIN. Soit!... j'accepte le défi.

Air des Bavards.

Entre nous, oui, guerre! guerre!
Ton espoir n'est que chimère
Et ce mariage-là
Jamais ne s'accomplira!

LA FÉE DES EAUX.
Entre nous, oui, guerre! guerre!
Ton espoir n'est que chimère
Et ce mariage-là
Grâce à moi, s'accomplira.

FULGURIN.
Les flammes sont mon empire;
Par le feu je combattrai!

LA FÉE DES EAUX.
Chez moi ton pouvoir expire;
Sur l'onde je lutterai!

ENSEMBLE.
Guerre à mort!
Guerre encor!
Pour nous ce jour renouvelle
Une vieille querelle
De tout temps, de tout lieu.
Guerre entre nous, et de plus belle,
L'eau va combattre avec le feu!

Musique piano à l'orchestre.

FULGURIN. Et pour commencer, je vais reprendre au nid notre gentille colombe.
LA FÉE DES EAUX. Toi ?... comment?

FULGURIN. Regarde !...

Pendant la fin de la scène, la nuit est venue. Fulgurin agite la peau d'anguille; une échelle flamboyante se dresse contre la tourelle. — Fulgurin monte.

LA FÉE DES EAUX. Ah! j'aurai ma revanche!
FULGURIN, en haut de l'échelle. En attendant, à moi la belle! (D'un ton goguenard.) Bonsoir, Fée des Eaux,
LA FÉE DES EAUX, d'un ton de défi. Au revoir, Fulgurin.

Fulgurin entre dans la tourelle par la fenêtre. — La Fée des Eaux s'éloigne en lui faisant un geste de menace. — L'orchestre reprend forte le refrain du couplet précédent.

SIXIÈME TABLEAU
Les bords d'une rivière.

SCÈNE PREMIÈRE
JACQUELINE, THÉRÈSE, DENISE, COLETTE et autres paysannes, puis CATICHE et PAQUERETTE. Toutes sont agenouillées au bord de l'eau et battent le linge en chantant.

CHŒUR
Air *Des Lavandières de Santarem.*

Joyeuse lavandière,
Ici, dès le matin,
Au bord de la rivière,
Chante ton gai refrain !
Pan! pan !
Dans l'onde qui tremble,
Pan! pan !
Mire tes yeux noirs !
Pan! pan!
Que tout aille ensemble,
Pan! pan!
Caquets et battoirs !

THÉRÈSE. Eh! Jacqueline !...
JACQUELINE, à l'autre extrémité de la scène. De quoi ?...
THÉRÈSE. Est-c' que t'étais pas à la noce d'Elmina?
JACQUELINE. Non... a fallu que j'reste cheux nous... not' ânesse était en couches.
MARGOTTE. Tiens! ton ânesse t'a donné des petits frères?
THÉRÈSE. Ah! qui qui y était donc, à la noce?
TOUTES. Pas moi!...
MARGOTTE. Maman a voulu que j'allissions à l'école.
DENISE. Moi j'avais affaire dans les blés à Jean Guillot.
TOUTES, riant. Ah! ah! ah!
COLETTE. On ne lui fait pas dire!
DENISE. Eh ben, quoi que vous avez à rire? Est-c' que j'dois pas surveiller la moisson ?
VOIX, en dehors. Eh! mesdemoiselles!... mesdemoiselles!...
JACQUELINE, regardant. Ah! c'est Catiche et Pâquerette.
THÉRÈSE. Qu'est-ce qu'elles ont donc pour courir comme ça ?...
COLETTE. Est-ce que le feu est au village?
PAQUERETTE, accourant. Eh ben! quoi qu'vous faites là, vous autres?
CATICHE. Vous ne savez donc pas ce qui se passe?
TOUTES, les entourant. Quoi donc?
PAQUERETTE. Le Diable qui vient d'enlever Elmina.
TOUTES. Le Diable.
CATICHE. Et ça, en pleine noce, et par devant notaire.
TOUTES. Allons donc! c'est des gausses!
PAQUERETTE. C'est des gausses!... Eh ben! allez voir à la ferme, où qu'ça sent encore le roussi.
DENISE. Vrai? c'était le Diable?
CATICHE. Puisque nous disons que nous l'avons vu.
MARGOTTE. Ah bah! vous l'avez vu... en personne naturelle?
THÉRÈSE. Et vous n'en êtes pas mortes?
PAQUERETTE. Heureusement.
CATICHE. Mais nous avons eu crânement peur.
MARGOTTE. Ah jarni! y a ben d'quoi!
COLETTE. Il est affreux, pas vrai?
PAQUERETTE. Joli comme un amour.
TOUTES. Le Diable !
CATICHE. Pardine! est-ce que pour nous séduire, y n'prend pas toutes les formes ?
JACQUELINE. Et il a enlevé Elmina.

PAQUERETTE. Oui, malgré son père, malgré Serpolet, mal-gré m'sieu l'tabellion.

CATICHE. En présence de toute la noce, quoi!

THÉRÈSE. Ah! ben, si maint'nant le Diable s'en mêle!...

DENISE. Comme si c'était pas assez des amoureux!

CATICHE.
Air nouveau de M. Raspail.

On pouvait s' moquer des hommes
Le démon est plus rusé!
Faut convenir que nous sommes
Un sexe ben exposé!

PAQUERETTE.
Avec des esprits amoureux,
Etre fille est ben dangereux.

I
L'an passé, lorsque Nella,
Dans le bois, à la nuit sombre,
Osa se glisser dans l'ombre,
Un grand loup se trouvait là!

TOUTES.
Ah! ah! ah! ah!

PAQUERETTE.
Et souv'nez-vous qu'au lavoir
On fut quéqu' temps sans la voir.
On pouvait s' moquer, etc.

CATICHE.
II
Certes, ma frayeur, ici.
Devrait égaler la vôtre:
Toutes, d'un moment à l'autre
On peut nous enl'ver aussi.

TOUTES.
Ah! ah! ah! ah!

CATICHE.
Heureus'ment qu' dans tous les cas
Nous savons qu'on n'en meurt pas!
Braves comme nous le sommes
Sans trembler sur nos destins!
Nous nous moquerons des hommes
Des hommes et des lutins!
Quand les lutins sont amoureux,
Ils ne sont plus si dangereux.

SERPOLET, *en dehors.* Oui, oui... j' vas r'venir!... attendez-moi!...

PAQUERETTE, *regardant.* Ah! mesdemoiselles!... c'est lui, c' pauvr' Serpolet.

JACQUELINE. Doit-il être dans un état!...

SCÈNE II
LES MÊMES, SERPOLET.

SERPOLET, *entrant et parlant à la cantonade.* Oui, maître Coqueluche, dans un instant j' suis à vous!

TOUTES, *l'entourant.* Vot' s'rvante, m'sieu Serpolet!

SERPOLET, *à part.* Ah! diable!... les v'là toutes... comment les éloigner?

CATICHE. Eh ben, avez-vous des nouvelles d'Elmina?

SERPOLET, *à part.* Oh! quelle idée! (*haut.*) Elmina... mais z'oui... mais z'oui... vous ne savez donc pas?... elle est de r'tour à la ferme.

TOUTES. Ah! bah!

SERPOLET. Que faites-vous ici? on vous attend au village.. où la noce va recommencer.

TOUTES. Vraiment?

PAQUERETTE. L'esprit vous l'a donc rendue?

SERPOLET. Mais certainement!... Courez à la ferme... l'esprit s'y trouve.

TOUTES. L'esprit?...

CHOEUR
Air d'Fernand Cortés.

Partons, partons soudain,
Dépêchons-nous, mesdemoiselles,
Nous aurons des nouvelles
Et nous verrons l'esprit malin.

(*Elles sortent [illegible].*)

SCÈNE III
SERPOLET, *seul.*

Allez, courez! Dépêchez-vous!... quand vous reviendrez... moi je serai au fond de l'eau! Lutter contre un rival invisible, ça ne se peut pas... par ainsi, autant en finir tout de suite! Et dire pourtant que si j'avais conservé ma peau d'anguille... ai-je été bête!...

Air de Lauzun.

Mais le temps presse, finissons!
Ce tourment qu'aujourd'hui j'endure,
Il cessera, lorsqu'aux poissons
Je servirai de nourriture.
Ça s'ra bien fait; au fond de l'eau,
Victime de tout c' qui fretille,
Les anguilles auront ma peau...
Puisque j' n'ai plus ma peau d'anguille!

Allons, plus d'hésitation!... Hâtons-nous d'piquer une tête... (*Musique à l'orchestre. Serpolet, qui s'est élancé vers la rivière, s'arrête tout à coup.*) Eh ben! qu'est-c' que j'ai donc? Je ne peux plus remuer ni pieds ni pattes... On dirait que j' suis incrusté au sol... (*Voyant apparaître les ondines.*) Ah! qu'est-c'que j' vois là?... des femmes qui sortent de l'eau!... Est-ce possible!...

SCÈNE IV
LA FÉE DES EAUX, ONDINES, TRITONS, SERPOLET.

La rivière se couvre de casques marines, sur lesquelles sont gracieusement groupées toutes les puissances des ondes.

LA FÉE DES EAUX. Eh quoi! Serpolet, tu voulais mourir, et tu laissais ta fiancée au pouvoir de son ravisseur?

SERPOLET. Eh! que puis-je contre un pareil rival?

LA FÉE DES EAUX. Ecoute-moi bien! Fulgurin et moi, sommes les souverains de deux grands empires : l'empire du feu et l'empire des eaux; ennemis naturels, nous pouvons nous combattre sans pouvoir triompher l'un de l'autre. Il est pourtant une eau magique dont une seule goutte, jetée sur ton rival, pourrait anéantir son pouvoir.

SERPOLET. Vrai?... Et cette eau magique?

LA FÉE DES EAUX. C'est celle du Puits qui chante.

SERPOLET. Le Puits qui chante?

LA FÉE DES EAUX. Cette eau, il n'est pas en ma puissance de te la donner. Une fée, aussi belle que coquette et cruelle, la fée Clapotte, veille avec vigilance sur son trésor... et malheur aux mortels assez téméraires pour essayer de s'en emparer!

SERPOLET, *avec résolution.* N'importe!.. je le tenterai, moi!

LA FÉE DES EAUX. Prends garde!... Cette entreprise est périlleuse... Plusieurs l'ont tentée... et tous ont échoué contre les sortilèges de la fée Clapotte. Elle ne les attire dans ce puits mystérieux que pour s'en faire aimer, pour les entourer de séductions, et s'ils succombent, ils sont changés en monstres aquatiques.

SERPOLET, *avec crainte.* En monstres!... ah fichtre!

LA FÉE DES EAUX. Aucun mortel, jusqu'à ce jour, n'a pu lui résister; mais celui qui, pendant une heure, malgré ses charmes, malgré la beauté des sirènes qui composent sa cour, resterait insensible à leurs séductions, celui-là ferait de la fée son esclave et pourrait remplir une fiole de cette eau merveilleuse.

SERPOLET. Eh bien, je suis décidé!... je subirai l'épreuve... Ce fameux puits, ous qu'il est situé?...

LA FÉE DES EAUX. Dans un bois mystérieux... au milieu de la vallée des Saules.

SERPOLET. La vallée des Saules? Bon!

Air de la M de de Pedro (Victor Massé).

LA FÉE DES EAUX.
Après avoir des monts sauvages
Gravi les sommets sourcilleux,
Vous vous trouvez sous les ombrages
D'un bois sombre et mystérieux.
Là, sous vos pieds, un chant magique
Semble soudain sortir du sol,
Et l'on entend une musique   (*Bis.*)
Pareille aux sons du rossignol.
D'où vient ce chant suave et terrible à la fois?
Cette chanson vive et charmante,
Et ce bruit dans le fond des bois,
Ecoute! (*Bis.*) [illegible]

(*Ensemble.*)
[illegible] au fond [illegible]

SERPOLET. C'est égal, je n'hésite pas !... De quel côté, s'il vous plaît ?

LA FÉE DES EAUX. Je puis te montrer la route que tu auras à suivre... mais c'est tout ce que je puis faire.

SERPOLET. C'est assez !... une fois parti, je ne m'arrête plus !

LA FÉE DES EAUX. Eh bien ! regarde !

SEPTIÈME TABLEAU

Elle lève sa baguette ; des nuages s'amoncellent et les eaux disparaissent. Quand les nuages se dissipent, tout le théâtre n'est plus qu'une chaîne de montagnes arides, et au fond, tout au fond, dans le haut de la décoration, au milieu d'un bois de saules et de roseaux, on aperçoit la margelle du Puits qui chante. L'extrême fond seulement se trouve en pleine lumière.

SERPOLET. Ah ! sapristotte, que c'est loin !... mais bah ! j'ai de bonnes jambes et la rate en caoutchouc, j'arriverai !... En route pour le Puits qui chante !

Reprise à l'orchestre du chœur précédent. Le rideau baisse.

ACTE DEUXIÈME

HUITIÈME TABLEAU
Un petit boudoir fantastique.

SCÈNE PREMIÈRE
ELMINA, SALAMANDRES.

Elmina est couchée et endormie sur un divan placé à gauche. Les salamandres l'entourent.

CHŒUR

AIR : *Dormeuse des lavandières de Santarem.*

> Sous cette mantille
> Aux plis parfumés,
> Dormez, jeune fille,
>   Dormez !
> Qu'un doux songe brille
> À vos yeux charmés !
> Dormez, jeune fille,
>   Dormez !

FLAMMÈCHE. Ah ! elle fait un mouvement... la voilà qui s'éveille...

PHOSPHORIEL, à voix basse. Notre présence pourrait l'effaroucher... Tenons-nous à l'écart.

FLAMMÈCHE, de même. Oui... éloignons-nous !

Reprise du chœur à l'orchestre. Ils sortent.

SCÈNE II
ELMINA, puis FULGURIN.

ELMINA, dans un demi-sommeil. Serpolet !... Serpolet !... Est-ce toi ? (s'éveillant tout à fait.) Non... C'était un rêve... je pensais à lui... je rêvais qu'il était là... près de moi... qu'il venait me délivrer... (Regardant de tous côtés.) Quel étrange demeure !... je ne la connais pas... (Elle se lève.) Où suis-je donc ? Où m'a-t-on conduite ?

FULGURIN, paraissant. Chez moi... Fulgurin.

ELMINA, jetant un cri. Ah !

FULGURIN, gaiement. La Fée des Eaux m'avait joué le tour de te transporter endormie au palais du roi Cascamèche... j'ai pris ma revanche... et, pendant ton sommeil, mes fidèles salamandres t'ont transportée ici.

ELMINA. Chez vous !... chez un garçon !... et qui pis est, un lutin ! Mais je ne veux pas y rester... je veux partir... partir à l'instant...

FULGURIN, riant. Ah ! ah ! quelle folle !... Tu es en ma puissance, et cette fois, nul ne pourra t'y soustraire.

ELMINA, se désolant. Ah ! c'est affreux !

FULGURIN. Voyons, calme-toi !... Je t'entourerai de tant de soins, de tant de séductions, que tu finiras par m'aimer.

ELMINA. Je n'aime que Serpolet.

FULGURIN. Encore ce rustre !... Mais songe donc à l'existence déplorable que tu mènerais avec lui !

ELMINA. Ça m'est égal !

FULGURIN. Tiens, veux-tu que je t'en fasse le tableau ?... Écoute !...

AIR : *De la Mèche* (Geneviève de Brabant.)

> Dans ta pauvre chaumière,
> Levée avec le jour,
> Tu devrais, simple fermière,
> Soigner la basse-cour ;
> Filer sur ta quenouille
> Du lin pour les marchands,
> Puis, préparer la pot-bouille,
> Et travailler aux champs,
> Te voir toujours brusquée
> Par un rustre en sabots,
> Et donner la becquée
> À cinq ou six marmots,
> Sans phrase alambiquée
> Voilà bien, trait pour trait,
>   Oui, voilà (Ter.) le sort qui t'attendrait !

ELMINA. J'aime la campagne, les enfants, les canards. Le travail ne me fait pas peur.

FULGURIN. Mais c'est la misère, l'obscurité !... tandis qu'avec moi, vois donc, Elmina, quel sera ton partage !

AIR *Précédent.*

> L'éclat de la richesse
> Sur tes pas brillera ;
> À l'égal d'une princesse
> Chacun t'adorera.
> À toi riches toilettes
> Et beaux ajustements,
> Pour présider à nos fêtes,
> À toi les diamants !
> Ta moindre turlutaine
> Dictera mes arrêts,
> Enfin tu seras reine,
> Reine dans mon palais !
> Budget de souveraine
> Et destin éclatant,
>   Oui, voilà (Ter.) l'avenir qui t'attend !

ELMINA. Des belles robes, des diamants... j'en conviens, tout ça est bien fait pour tenter... mais...

FULGURIN. Comment ? Tu hésites encore ?

ELMINA. Non, je n'hésite pas.

FULGURIN. Et tu choisis ?

ELMINA. Serpolet.

FULGURIN, frappant du pied. C'est trop fort ! me préférer cet imbécile, à moi, le roi des Salamandres !...

SCÈNE III
LES MÊMES, PHOSPHORIEL, puis LES SALAMANDRES.

PHOSPHORIEL, accourant. Maître !... maître ?

FULGURIN. Eh bien, qu'est-ce ? Que me veux-tu ?

PHOSPHORIEL. Pardon de vous déranger, seigneur... mais il n'y a pas une minute à perdre.

FULGURIN. Explique-toi, Phosphoriel !... Qu'est-il arrivé ?

PHOSPHORIEL. Un grand danger vous menace.

FULGURIN. Moi ?

ELMINA, à part. Que dit-il ?

PHOSPHORIEL. La Fée des Eaux a revu votre rival... et, en ce moment même, Serpolet est en route pour se rendre au Puits qui chante.

FULGURIN. Malédiction !... Quelques gouttes de cette eau magique suffiraient pour anéantir mon pouvoir.

ELMINA, à part. Qu'entends-je !

FULGURIN. Oui, tu as raison, il n'y a pas un instant à perdre. A moi, Salamandres ! à moi !... (Avec impatience.) Eh bien, viendra-t-on, quand j'appelle ?

LES SALAMANDRES, accourant. Nous voici, maître, nous voici !

FLAMMÈCHE. Qu'ordonne Fulgurin ?

FULGURIN. Rendez-vous dans tous les sentiers qui conduisent à la vallée des roches, et, si vous voyez paraître Serpolet, à tout prix, empêchez-le de pousser plus avant.

TOUS. Oui, maître.

FULGURIN. Tendez-lui des pièges, dressez des embûches sur son passage !... enfin, qu'il ne puisse arriver au Puits qui chante.

ELMINA, à part. Ah! mon Dieu! tout est perdu!

FULGURIN. Vous, Phosphoriel et Flammèche, restez ici pour veiller sur ma prisonnière.

PHOSPHORIEL. Soyez tranquille!... nous ferons bonne garde!

FLAMMÈCHE. Nous vous répondons d'elle.

ELMINA, à part. Plus d'espoir!

FULGURIN. Allons, vivement, en route!

TOUS. Partons!

ENSEMBLE

AIR *De Geneviève de Brabant.*

Adresse
Et vitesse!
Oui, faisons le guet,
Et, s'il apparaît,
Pinçons au collet   (Bis.)
Le Serpolet.
Ah! ah! ah! ah!
Adresse
Et vitesse!
Partons, et soudain,
Que ce paladin
Rencontre en chemin   (Bis.)
Chaque lutin!

FULGURIN.

Déjà la lutte recommence,
Mais nous saurons conjurer le danger,
Et lorsque l'eau menace ma puissance,
C'est par le feu que je veux me venger!

ENSEMBLE.

Adresse
Et vitesse! etc., etc.

Fulgurin sort avec les Salamandres; on entend fermer toutes les portes.

SCÈNE IV

ELMINA, seule.

Pauvre Serpolet!... Que va-t-il lui arriver? Et moi, que vais-je devenir?... Prisonnière!... Au pouvoir de ce méchant lutin qui m'a enlevée!... Ah! qui prendra pitié de moi? qui viendra à mon aide?

AIR : *Sérénade de Gounod.*

J'appelle en mes alarmes;
Mais, hélas! je le vois,
Tout est sourd à mes larmes,
Et nul n'entend ma voix!
Quand l'effroi me dévore,
Qui sauvera mes jours?...
Ah!

LA VOIX DE LA FÉE DES EAUX, au fond.

Espère, espère encore.
Espère en mon secours!

ELMINA, très-émue. Je ne me trompe pas!... On m'a entendue... une voix répond à la mienne!... (Sur la musique qui continue piano, le fond s'ouvre. — Elmina regarde.) O prodige!... une barque s'approche... (En effet, on voit paraître une barque qui s'arrête au fond.) Libre!... Sauvée!... mais par qui donc?

LA VOIX. Par moi, la Fée des Eaux!...

ELMINA. Notre protectrice!... Oh! merci! merci, bonne fée!... Et maintenant, fuyons!

Elle monte dans la barque. — La voix de la fée se fait entendre de nouveau, achevant l'air précédent.

Espère, espère encore
En mon secours!
Ah! ah! ah! ah! ah!

NEUVIÈME TABLEAU

Une route. — Une fontaine au fond.

SCÈNE PREMIÈRE

LE ROI, FLEUR DE CASSIS, suite.

Le rideau se lève sur un fond et appelle à de la fée, suivi de Fleur de Cassis et des rayons qui le suivent dans le pas.

LE ROI, s'arrêtant devant le trou du souffleur. C'est incroyable! C'est inimaginable! C'est à perdre l'esprit!

FLEUR DE CASSIS. Quoi?

Le Roi se remettant à marcher, tout le monde marche derrière lui.

LE ROI, s'arrêtant de nouveau. C'est étonnant! épatant! abracadabrant!

Il va pour se remettre en marche.

FLEUR DE CASSIS, le retenant. De grâce, arrêtez-vous, mon frère!... Quel vertige vous prend de nous faire valser ainsi?

LE ROI. Ah! par exemple, voilà une question du plus haut comique!... Pour un beau sang-froid, vous avez un beau sang-froid!... Comment, il y a dix-sept ans on m'enlève ma fille... ce matin je la retrouve dans une grotte... je la conduis au palais sur un nuage... et, deux heures après, crac!... elle disparaît derechef.

FLEUR DE CASSIS, tranquillement. Le fait est que c'est assez étrange.

LE ROI. Vous me faites bouillir, avec vos expressions!... Dites donc que c'est singulier! (Recommençant à marcher.) Où est-elle? qu'est-elle devenue? Par où a-t-elle passé?

FLEUR DE CASSIS. Peut-être s'est-elle enfuie pour aller retrouver son fiancé, le jeune et beau Serpolet.

LE ROI. Ma fille?... une Cascamèche!... s'oublier à ce point?... Allons donc!... c'est impossible!... Et moi qui comptais sur elle pour perpétuer ma race!... Que va devenir ma dynastie?... Je me le demande.

FLEUR DE CASSIS. Mais, encore une fois, ne suis-je pas là?

LE ROI. La belle avance!

FLEUR DE CASSIS. D'ailleurs, elle ne peut être perdue... Vous la retrouverez un jour ou l'autre.

LE ROI, criant. Où ça?... qui me mettra sur sa piste? Cette somnambule qui s'avise de déménager, sans laisser sa nouvelle adresse!... Ces choses-là sont faites pour moi!

Air : *De l'Artiste.*

Sans son secours que faire?
Et comment parvenir
A percer ce mystère?
Que vais-je devenir,
Dans un tel cataclysme,
Monarque infortuné,
Quand par le magnétisme
Je suis abandonné?

FLEUR DE CASSIS. Bah! ne vous tourmentez pas ainsi!... La princesse ne saurait être bien loin.

LE ROI. En effet... j'ai fait jouer le télégraphe... elle n'a pu sortir du royaume... Vite, continuons nos recherches... venez tous! Suivez-moi!...

Il va pour sortir et se heurte contre Serpolet qui entre précipitamment.

SCÈNE II

LES MÊMES, SERPOLET, suivi de JARNICOTON et de COQUELUCHE.

SERPOLET. Ah!

LE ROI. Ah!

SERPOLET. Maladroit!

LE ROI. Butor!

SERPOLET, interdit. Le roi!

JARNICOTON et COQUELUCHE, entrant. Le roi!

FLEUR DE CASSIS. Serpolet!

LE ROI. Hein?... Ce paysan!... (Le saisissant à la gorge.) Ah! gredin!... te voilà!

SERPOLET, cherchant à se dégager. Pardon... je ne l'ai pas fait exprès... Laissez-moi passer!

LE ROI. Ma fille?... Où est ma fille?...

SERPOLET, étonné. Vot' fille?

JARNICOTON. Ou plutôt la mienne!

LE ROI, criant. Qu'as-tu fait d'Émeraudine?

JARNICOTON, criant aussi. D'Elmina!

SERPOLET, de même. De ma fiancée?

LE ROI. Animal!... Je te parle de la princesse!... Qu'est-elle devenue? Réponds!

SERPOLET. Moi?... mais j'en ignore.

COQUELUCHE. Elle doit être chez vous.

JARNICOTON. Au donjon royal.

FLEUR DE CASSIS. Eh non!... disparue!

LE ROI. On me l'a enlevée.

JARNICOTON, stupéfait. Ma fille enlevée!

LE ROI, criant. Mais non! la mienne! et je la cherche dans tous les coins.

FLEUR DE CASSIS, aux paysans. Allons, soyez francs!... On vous récompensera... Où l'avez-vous fourrée?

LE ROI. Rends-moi ma fille!

SERPOLET. Mais sapristi! je ne l'ai pas sur moi!

LE ROI. Qu'on le fouille !... (Se reprenant.) Non ! Qu'on arrête tous les trois !

LES TROIS HOMMES. Hein ?

LE ROI. La torture saura bien leur arracher des aveux.

COQUELUCHE, effrayé. La torture !

LE ROI. Ordinaire et extraordinaire !... Garde, obéissez !

SERPOLET. M'arrêter !... Ah ! mais non !... J'ai affaire ailleurs.

JARNICOTON. Oui... oui... nous avons affaire ailleurs.

COQUELUCHE. Je ne sais pas où, par exemple.

JARNICOTON. Ni moi... j'y vas de confiance... mais c'est égal, paraît que ça presse.

SERPOLET. Venez, vous autres! Suivez-moi !...

Fulgurin a paru au fond pendant les derniers mots; il est enveloppé d'un grand manteau rouge qui cache son costume.

FULGURIN, à part. Il faut les séparer !

Il agite la peau d'anguille et au moment où Coqueluche et Jarnicoton se disposent à sortir, leurs costumes disparaissent et ils restent en chemise.

COQUELUCHE, poussant un cri. Oh !

JARNICOTON, en poussant un autre. Saperlotte !...

COQUELUCHE. Je vas m'enrhumer !...

Ils se sauvent.

FLEUR DE CASSIS, se couvrant la figure de son éventail. Ah ! quelle horreur !... quelle inconvenance ! des hommes si laids!... Partons, mon frère !

LE ROI. Oui, au diable ces manants! Partons ! Continuons nos fouilles !...

FULGURIN, à part. Et moi, à mon rôle !

Il disparaît.

LE ROI.

Air du *Palanquin* (Barbe-Bleue).

De tous les bourgs d'alentour
Visitons chaque détour !
Cherchons bien : (Bis.)
De trouver, dit-on, c'est le moyen !

ENSEMBLE.

De tous les bourgs d'alentour
Visitons chaque détour.
Etc., etc.

Le Roi sort avec Fleur de Cassis et les écuyers.

SCÈNE III

SERPOLET, puis FULGURIN.

SERPOLET. Elmina enlevée !... sans doute encore par mon satané rival... Raison de plus pour me dépêcher... Jarnicoton et le notaire me rattraperont s'ils peuvent... Remettons-nous en chemin... Vite, au Puits qui chante !...

Il va pour sortir et se trouve nez à nez avec Fulgurin déguisé en vieille bûcheronne, marchant toute courbée et portant sur son dos un fagot.

FULGURIN, d'une voix cassée. Ah ! june homme, j'vous rencontre à propos... c'est l'ciel qui vous envoie !...

SERPOLET. Une vieille !... Excusez, ma bonne femme, je suis pressé...

FULGURIN. Eh ! un' petit' minute donc !... Vous ne r'fuserez point d' donner assistance à une pauv' vieille bûcheronne accablée par l'âge et les infirmités...

SERPOLET. Voyons, dépêchons !... Qu'est-ce que vous voulez ?

FULGURIN. Pardine ! c'est tout clair... faut point être sorcier pour deviner ça...

Air de *Geneviève de Brabant.*

Ah ! coquin de sort !
Avec le bois mort,
Que d' mal dans c'te chienn' de vie !
Ah ! que de tourments !
Vraiment, par moments,
D'en finir y me prend envie !
Ce n'est pas exister
Que d' toujours fagoter
Et d' porter sur son dos
Des cottrets, des fagots !
Ah ! coquin de sort !
Avec le bois mort,
Que d' mal dans c'te chienn' de vie !
Ah ! ah ! ah ! ah ! ah ! ah !

SERPOLET. Allons, cessez vos jérémiades, et apprenez-moi vite...

FULGURIN. Parlez plus haut !... j'ons l'oreille un peu dure...

SERPOLET, parlant très fort. Je vous demande à moi j'puis vous être utile ?

FULGURIN. M'y v'là, mon garçon, v'là ! j'y arrivons, donnez-moi l' temps...

SERPOLET, impatient. Serpolette ! C'est que... (Fulgurin jette à terre son fagot sur les pieds de Serpolet qui jette un cri.) Oh ! faites-donc attention, la mère !...

FULGURIN. Je vous ons fait mal ?

SERPOLET, se frottant. Au contraire ! Mais laissons ça, et dites-moi,

FULGURIN, le regardant, et avec un cri de surprise. Ah ! bon Dieu !

SERPOLET. Quoi ?

FULGURIN. Ah ! seigneur de Dieu !

SERPOLET. Qu'est-ce qui vous prend ?

FULGURIN. J'ons point la berlue... Vous vous nommez Barnabé ?

SERPOLET. Non, Serpolet.

FULGURIN. Le fils à Benoît Trouillefou ?

SERPOLET. Mais non.

FULGURIN. Benoît Trouillefou, le cousin de Jérôme Graindorge, qu'a épousé en s'condes noces Dorothée Pivert, ma propre nièce à la mode de Bretagne.

SERPOLET. Je n' connais pas tous ces gens-là !... Il n'y a pas de Pivert dans ma famille...

FULGURIN. Embrasse-moi, mon gars !... Je sommes ta grand' tante.

Il s'avance vers lui les bras ouverts.

SERPOLET, le repoussant. Ma tante !... vous ?...

FULGURIN. Comme on se r'trouve pourtant !... On a ben raison d' dire : N'y a qu' les montagnes pour se rencontrer !

SERPOLET, à part. Satanée bavarde ! va !...

Il va pour s'en aller.

FULGURIN, le rattrapant par sa veste. Comment, tu t'en vas ?... Mais embrasse-moi donc !...

SERPOLET. Ce s'ra pour un autre jour... Pour le quart d'heure, faut que je file.

FULGURIN, le retenant toujours par son habit. Filer !... non pas !... Tu vas d'abord m'aider à porter mon fagot jusqu'à la maison.

SERPOLET. C'est pas mon ch'min... J'ai affaire d'un autre côté.

FULGURIN. Bah ! bah ! Quand tu te dérangerais un tantinet d' ta route...

SERPOLET, avec colère. Ah çà ! voulez-vous me lâcher, à la fin des fins ! (Ramassant le fagot et le lui mettant sur les épaules.) Tenez, v'là vot' fagot !... remportez-le... et fichez-moi la paix tous les deux !

FULGURIN. C'est bon !... c'est bon !... n' te fâche pas !... on s'en va...

SERPOLET. C'est heureux !...

ENSEMBLE

Air de *l'Image.*

La colère
M'exaspère !
Qu'on me laisse en repos!
Ici je n'ai que faire
De vous ni d' vos fagots!
Non ! (4 fois.) ni d' vous ni d' vos fagots!

FULGURIN.

La colère
M'exaspère !
Je te laisse en repos!
De toi je n'ons que faire
Et j' remport' mes fagots!
Oui ! (4 fois.) je remport' mes fagots!

Serpolet le pousse dehors par les épaules. Fulgurin sort par la droite.

SERPOLET. Allez au diable ! (Revenant.) Enfin, m'en v'là débarrassé !... Et maintenant, vite, prenons mes jambes à mon cou...

Il va pour sortir par la gauche et rencontre Fulgurin, travesti en soldat ... qui lui barre le passage.

FULGURIN, d'une voix avinée et titubant légèrement. Pardon, excuse, bel adolescent !

SERPOLET. Hein ?.. (A part.) Qu'est-ce qu'il me veut encore, celui-là ?

FULGURIN. Le moulin des Alouettes, sans vous commander ?

SERPOLET. Le moulin des Alouettes?... Connais pas !

FULGURIN. Tu ne connais pas le moulin des Alouettes?.. Alors, tu n'es donc pas un brave ?

SERPOLET. Si fait !...

FULGURIN. En ce cas, tu dois le connaître... Tous les braves connaissent le moulin des Alouettes...

SERPOLET. Voyons, militaire, passez votre chemin... J'ai pas le temps de causer...

FULGURIN, le retenant par le bras. Un instant, camarade!.. On ne s'en va pas comm' ça!..

SERPOLET, avec impatience. Ah! c'est insupportable!...

FULGURIN. Tu vas venir au cabaret boire bouteille avec moi.

SERPOLET. J'ai pas soif!..

FULGURIN. On a toujours soif pour trinquer avec les amis. (Passant son bras sous celui de Serpolet et cherchant à l'entraîner.) Viens!.. c'est moi qui régale... et c'est toi qui payeras.

SERPOLET. Plus souvent!.. Voyons. Laissez-moi tranquille!.. Je suis pressé!..

FULGURIN, avec colère. Hein?.. tu refuses?.. Je suis donc un gêneur?.. un raseur?..

SERPOLET. Je ne dis pas ça. mais...

FULGURIN. Alors, j'en ai menti?.. (Tirant son sabre.) Tu vas me rendre raison!

SERPOLET. Moi?

FULGURIN.

AIR : de l'Enflammé.

Allons, morbleu! faut s'aligner,
Dépêche-toi de dégaîner!

SERPOLET.

Mais j'ai pas d'arme.

FULGURIN.

C'est égal!
Pour te transpercer le bocal,
Il suffira de mon bancal.
Je n' me laisse pas entortiller
Et nous allons nous débrouiller.
Je suis le roi des bons enfants,
Mais j' t'en préviens, si je me fends,
Tu peux écrire à tes parents.
Gare à ton physique!
Du sabre la pratique,
La pratique,
Est une mécanique.
Gare à ton physique!
Si ma lame te pique,
Pique, pique,
Tes abattis
Sont compromis!
Allons!
Vite, dégaînons! (Bis.)
Tiens bien ta cocarde!
En garde!
Et, mille escadrons!
Comme deux lurons,
Ici, combattons!

ENSEMBLE

Allons!
Vite dégaînons!
Etc.

SERPOLET.

Cré nom!
Ecoutez-moi donc!
J' n'ai pas de raison
Pour me mettre en garde!
Ecoutez-moi donc?
Et parlementons
Comm' deux bons garçons!

SCÈNE IV

LES MÊMES. JARNICOTON, COQUELUCHE.

JARNICOTON, rentrant avec Coqueluche. Ouf!.. nous revoilà!..

SERPOLET, à part. On rendort! Je suis sauvé!

COQUELUCHE. Nous avons endossé des costumes plus décents...

JARNICOTON. Et maintenant nous pouvons partir.

FULGURIN, à part. Je saurai bien les en empêcher!...

(Il agite la peau d'anguille.)

SERPOLET. C'est ça!.. en route!..

(Une grande cage sort de terre et les enferme tous les trois.)

JARNICOTON. Hein?

COQUELUCHE. Qu'est-ce que c'est que ça?

SERPOLET. Nous v'là encag's!

FULGURIN. Par moi, Fulgurin!..

(Il sort en riant.)

SERPOLET. C'était lui! Oh! le brigand!

ENSEMBLE

AIR de Richard Cœur-de-Lion. (Une fièvre brûlante.)

Dans une cage obscure
Tous trois nous voilà pris!
Hélas! des canaris
Nous souffrons la torture!

SERPOLET.

Non, rien n'égale mon souci;
Allons-nous donc moisir ici?

ENSEMBLE

Ah! quel destin barbare!
Malheureux pastoureaux,
Pour pincer d' la guitare,
Nous n'avons qu' des barreaux!

(La fontaine du fond s'ouvre, la Fée des Eaux paraît, touche la cage avec sa baguette, la cage s'enfonce.)

LES TROIS HOMMES, avec joie. Ah!

SERPOLET. Nous sommes libres!

LA FÉE DES EAUX. Grâce à moi.

JARNICOTON ET COQUELUCHE. La Fée des Eaux!

SERPOLET. A présent, prenons not' volée!

LA FÉE DES EAUX. Et pour accélérer votre voyage, je vous offre un vélocipède.

(Un vélocipède paraît.)

JARNICOTON ET COQUELUCHE. Un vélocipède!

SERPOLET. A cheval, messieurs! à cheval!

ENSEMBLE

AIR :

A cheval! (Bis.)
Que sur son animal
Avec aisance
On s'élance!
Vite, au trot,
Au galop!   } (Bis.)
Au but nous serons bientôt!

Sortie. — Changement.

DIXIÈME TABLEAU

Une salle du palais du prince Boule de Phoque ; tout autour de la salle sont de grandes niches dans lesquelles sont placés, sur des tablettes, d'énormes pains de sucre.

SCÈNE PREMIÈRE

CLODOMIR, puis OLLIVIER.

CLODOMIR, regardant au fond par une des grandes baies. Qu'est-ce que j'aperçois donc là-bas? on dirait une voile à l'horizon.

OLLIVIER, en dehors. Comment! personne?.. Holà! Eh! la maison! quelqu'un!

Il entre.

CLODOMIR, allant à lui. Ollivier!

OLLIVIER. Clodomir!

CLODOMIR. Toi ici!

OLLIVIER. Je précède le roi Cascamèche, qui se rend chez ton maître. (Regardant.) Mais quel singulier palais!

CLODOMIR. C'est celui de mon gracieux seigneur, le prince Boule de Phoque.

OLLIVIER. Mais pourquoi ces pains de sucre?

CLODOMIR. Ces pains de sucre sont des princesses.

OLLIVIER. Des princesses!..

CLODOMIR. De toutes les parties du monde, des Égyptiennes, des Espagnoles, des Chinoises, des Vénitiennes, et jusqu'à des Nubiennes.

OLLIVIER. Que m'apprends-tu là!

CLODOMIR.

AIR de Marianne.

Mon maître, malgré sa puissance,
N'a jamais pu se faire aimer;
Il fait trembler par sa présence
Les femmes qu'il voudrait charmer.
Mais, en échange,
Dame! il se venge;
C'est le neveu d'un puissant enchanteur,
Et, quand les belles
Font les cruelles.

Sans songer même à captiver leur cœur.
    Il transforme ces mijaurées
En pains d' sucre...

OLLIVIER.

Ça fait frémir !

En pains d' sucre !..

CLODOMIR.

Oui, pour les punir
    D'avoir fait les sucrées !

OLLIVIER. Changées en pains de sucre ! Ah ! les pauvres princesses ! Et elles resteront toujours ainsi ?

CLODOMIR. Non !... si le prince parvient à se faire aimer, le jour de son mariage, tous ces pains de sucre redeviendront de belles et riches princesses.

BOULE DE PHOQUE, *en dehors à droite.* Faquins ! manants ! bélîtres ! tenez !

On entend le bruit de plusieurs soufflets.

OLLIVIER. Qu'est-ce donc ?

CLODOMIR. Mon doux maître ! Il est furieux ! Ce n'est pas le moment de te montrer. Va m'attendre dans la galerie.

OLLIVIER. J'aime autant cela.

Il sort par le fond.

SCÈNE II

BOULE DE PHOQUE, CLODOMIR.

BOULE DE PHOQUE, *un billet à la main.* Sac à papier ! ventre de biche ! corne de bœuf !... Encore une princesse qui me refuse !... et pourtant je lui avais envoyé mon portrait... décidément, c'est une fatalité... à mon âge... ne pas encore avoir étrenné... Oh ! si elle était ici ! ma vengeance... (*Apercevant Clodomir.*) Qu'est-ce que tu fais, toi ?

CLODOMIR, *regardant au fond.* Je regarde une voile qui s'approche.

BOULE DE PHOQUE. Une voile ? si c'était une princesse.

CLODOMIR. Ou si c'était le bâtiment de ce terrible corsaire génois...

BOULE DE PHOQUE, *effrayé.* Trombolino-Trombolini ?... En effet, on prétend qu'il croise dans nos parages... Mais non... rassure-toi... cette voile est celle d'une simple chaloupe...... elle approche du rivage... elle va aborder... que vois-je ?.... une jeune fille !

TOUS. Une jeune fille !

BOULE DE PHOQUE. Et très-jolie, ma foi !... Cours au devant de cette étrangère, et conduis-là vers moi !

CLODOMIR. À l'instant, seigneur.

Il sort par le fond.

SCÈNE III

BOULE DE PHOQUE, puis ELMINA et CLODOMIR.

BOULE DE PHOQUE, *seul.* Quelle chance ! l'arrivée de cette belle inconnue est une bonne fortune... verrai-je enfin cesser ma déveine ?...

CLODOMIR, *reparaissant.* Voici la voyageuse.

BOULE DE PHOQUE. Vite, qu'on l'introduise !...

CLODOMIR, *au fond.* Entrez, noble damoiselle !

ELMINA, *paraissant suivie des autres valets.* Mais où me conduisez-vous donc ?

CLODOMIR. Près du souverain de l'île des Pains de sucre, le prince Boule de Phoque...

ELMINA. Le prince Boule de Phoque...

BOULE DE PHOQUE, *à part, la regardant.* Elle est délirante ! (*Haut et s'approchant.*) Oui, divine étrangère, c'est moi qui...

ELMINA, *poussant un cri d'effroi en reculant.* Ah ! qu'il est vilain !

BOULE DE PHOQUE, *à part, avec joie.* Elle a tressailli !... c'est bon signe. (*Aux valets.*) Sortez tous !... laissez-moi !

Clodomir et les valets s'inclinent et sortent.

ELMINA, *à part.* Ah ! mon Dieu !... ils s'en vont... ils me laissent seule avec lui !...

BOULE DE PHOQUE, *se donnant des grâces.* Croyez que je bénis le fortuné hasard... Oui, belle étrangère, à votre vue, j'ai ressenti un choc électrique.

ELMINA, *effrayée.* Un choc électrique !...

BOULE DE PHOQUE. Le célibat me pèse... et je mets à vos pieds mon cœur, mon île et ma main... v'lan !

ELMINA. Moi votre femme, jamais !

BOULE DE PHOQUE. Plaît-il ?

ELMINA. D'abord, je ne suis pas libre... j'ai un fiancé... Et puis...

BOULE DE PHOQUE. Et puis ?

ELMINA. Et puis, dame !... regardez-vous donc...

BOULE DE PHOQUE. Que je me regarde ?...

ELMINA. Enfin, quoi ! je refuse.

BOULE DE PHOQUE, *avec colère.* Ah ! mêle-toi, imprudente ! crains de partager le sort de celles qui m'ont dédaigné...

Air du sultan Belhouda.

D'une pareille offense
    Oui, vraiment,
Crains le châtiment !

ELMINA.

Plutôt votre vengeance
Qu'oublier mon serment !

BOULE DE PHOQUE.

Dans mon amour
Quand je fais four
Je deviens très-canaille !
    Et qui se raille
    De mon ardeur
Doit craindre ma fureur !

ELMINA.

Plutôt que de consentir,
J'aimerais mieux mourir !

Coup de tam-tam. Elmina est changée en pain de sucre. Trémolo à l'orchestre.

BOULE DE PHOQUE, *après l'avoir contemplée un instant avec compassion.*

    V'là c' que c'est,
    C'est bien fait !
Fallait pas qu'elle y aille ! (*Bis.*)
    V'là c' que c'est,
    C'est bien fait,
Fallait pas qu'elle y aille !
    C'est bien fait !

Il sort par la gauche.

SCÈNE IV

SERPOLET, JARNICOTON, COQUELUCHE.

SERPOLET, *entrant par le fond.* Comment ! personne pour nous recevoir !

JARNICOTON, *entrant avec Coqueluche.* Ah çà ! Serpolet, où diantre nous conduis-tu ?

SERPOLET. Ma foi, j'en sais rien... Pour continuer not' voyage, fallait traverser cette île... vous étiez éreinté, moi idem...

COQUELUCHE. Et moi ibidem.

SERPOLET. Toujours ! Alors, je suis entré dans la première maison qui m'est tombée sous la main.

COQUELUCHE. Ça n'est pas une existence, ça !... gravir des montagnes, traverser des forêts, passer des rivières... (*Se laissant tomber sur un fauteuil.*) Ouf ! que j'ai chaud !

JARNICOTON. Et moi donc !... je suis en nage !

COQUELUCHE. Avec ça que mon vélocipède avait le trot d'un dur !...

SERPOLET. Eh ben, reposez-vous un instant ! ça vous remettra.

JARNICOTON. Si encore on nous offrait de quoi nous rafraîchir... j'ai le gosier d'un sèche !

COQUELUCHE. Rien qu'un verre d'eau... je donnerais dix sous d'un simple verre d'eau.

Un immense verre d'eau sort de terre.

SERPOLET. Eh, mais ! voyez donc, en v'là un de verre.

JARNICOTON. Ah ! qu'il est grand !

SERPOLET. Pristi ! quelle maîtresse choppe !

COQUELUCHE. Diable ! de l'eau pure, quand on est en transpiration, c'est bien cru... il y a de quoi se rendre malade.

JARNICOTON, *apercevant les pains de sucre.* Tiens, des pains de sucre !

COQUELUCHE. Des pains de sucre !

SERPOLET. Serions-nous chez un épicier en gros ?

JARNICOTON. Cassons-en quequ's morceaux...

SERPOLET. Bah ! un pain tout entier, ça n'est pas de trop pour sucrer un pareil verre d'eau... Voyons, aidez-moi, père Jarnicoton.

JARNICOTON. Allons-y, Serpolet !...

Ils prennent le pain de sucre en lequel a été changée Elmina, et le mettent dans le verre.

COQUELUCHE. Ah ! voilà que ça se dissout.

SERPOLET. V'là que ça commence à fondre !...

En effet on voit le pain de sucre se dissoudre dans l'eau et des globules se former au-dessus du verre.

SCÈNE V

LES MÊMES, LA FÉE DES EAUX.

LA FÉE DES EAUX, paraissant. Arrêtez, malheureux! Le pain de sucre que tu as mis dans ce verre, c'était ta fiancée, c'était Elmina.

SERPOLET ET COQUELUCHE. Elmina!

JARNICOTON. Ma fille!

LA FÉE DES EAUX. Oui, métamorphosée ainsi pour avoir refusé la main du prince Boule de Phoque, souverain de cette île.

JARNICOTON. Quoi!... c'est pour ça qu'il l'a changée en pain de sucre?...

SERPOLET. Quelle vengeance raffinée!

LA FÉE DES EAUX. Elle devait, ainsi que toutes ses devancières, conserver cette forme jusqu'à ce qu'une femme, moins difficile que les autres, se décidât à épouser le prince.

SERPOLET, désespéré. Et maintenant, la v'là fondue... ainsi que toutes mes espérances!

JARNICOTON. Ah! madame la fée, venez à not' secours!

SERPOLET. De grâce, rendez-moi ma fiancée!

LA FÉE DES EAUX. Hélas! mon pouvoir ne va pas jusque là!... Mais ne perds pas courage, accomplis la mission que tu t'es imposée, et peut-être, alors, celle que tu aimes te sera-t-elle rendue! Adieu.

Elle disparaît par une trappe.

SERPOLET, accablé. Pauvre Elmina!... et c'est nous qui...

JARNICOTON. Si, du moins, elle était encore pain de sucre, nous pourrions garder quequ'espoir de lui voir reprendre un jour sa forme naturelle...

SERPOLET. Tandis qu'à présent qu'la v'là liquéfiée...

COQUELUCHE. Attendez!... il y a peut-être un moyen de réparer la sottise que nous avons faite.

JARNICOTON. La réparer?

SERPOLET. Et comment cela?

COQUELUCHE. Par la chimie... la distillation... par l'évaporisation du liquide... Alors, vous comprenez... le sucre... Seulement, il nous faudrait un appareil chimique...

SERPOLET. Et où en trouver un?...

SCÈNE VI

LES MÊMES, FULGURIN, en apprenti distillateur.

FULGURIN. Hein!... qu'est-ce qui parle d'appareil chimique?

TOUS. Que vois-je!...

COQUELUCHE. Qui êtes-vous, jeune homme?

FULGURIN. Qui je suis?

AIR du Petit Clerc. (Chanson de Fortunio.)

> Chez un célèbre opérateur
> J'suis apprenti distillateur,
> Garçon chimiste,
> Même alchimiste!
> J'ai servi, chez un herboriste,
> Pendant deux ans comme amateur,
> Et maintenant je suis droguiste
> En attendant que j'sois docteur.
> Je suis chimiste
> Préparateur!
> Chez un célèbre opérateur,
> J'suis apprenti distillateur,
> Et, de plus (bis), vot' serviteur!

COQUELUCHE. Il est très-poli.

SERPOLET. Un distillateur... ça tombe à merveille!

FULGURIN. A quoi puis-je vous être utile?... Parlez... faites-vous servir!...

SERPOLET. Il s'agit d'une opération.

JARNICOTON. Nous avons fait de l'eau avec du sucre...

COQUELUCHE. Et maintenant nous voudrions refaire du sucre avec de l'eau.

FULGURIN. Rien de plus facile.

SERPOLET. Vrai?

FULGURIN. Il s'agit seulement de volatiliser l'eau par le feu.

COQUELUCHE. C'est clair!

SERPOLET. Mais, pour ça, faudrait avoir un fourneau.

FULGURIN. Le fourneau demandé?

Il montre un petit four... c'est [illegible] qui sont de terre.

TOUS. Ah!

SERPOLET. Comment donc que vous l'avez fait venir?

FULGURIN. Par la chimie!

SERPOLET. Et un soufflet?... nous n'avons pas de soufflet!

FULGURIN, tirant un soufflet de son tablier. Un soufflet? voilà!

Il le tend à Serpolet. Le soufflet se dédouble.

SERPOLET. Tiens! ils sont deux!

Fulgurin tend le soufflet qu'il a gardé à Jarnicoton. Le soufflet se dédouble encore.

JARNICOTON. Ils sont trois.

COQUELUCHE. C'est étonnant!

SERPOLET, ébahi. Un soufflet qui fait des petits!

FULGURIN. Toujours par la chimie!...

COQUELUCHE, avec admiration. Oh! la chimie!... quelle science!

FULGURIN. A présent, soufflons!

JARNICOTON ET SERPOLET. Soufflons!

On place le réchaud tout près du verre et on se met à souffler.

JARNICOTON. Ah! v'là que ça chauffe...

SERPOLET. L'eau commence à grésiller...

COQUELUCHE. Voilà la vapeur qui s'échappe.

En effet, on voit une forte vapeur sortir du verre.

SERPOLET. Ah! si nous pouvions réussir!...

JARNICOTON. Si ma fille pouvait redevenir en sucre!

COQUELUCHE, regardant. Eh! mais, voyez donc... On dirait que ça se cristallise...

SERPOLET. Ferme!... ferme!... Soufflons!...

JARNICOTON. Soufflons!...

Ils se remettent à souffler.

FULGURIN. Inutile!... l'opération est finie!... le pain de sucre est reformé.

JARNICOTON, très-joyeux. Qué chance!

SERPOLET. Merci, mon Dieu, merci!... Il plonge le bras dans le verre et en retire un tout petit pain de sucre.) Ah! ciel!

JARNICOTON ET COQUELUCHE. Quoi?

SERPOLET, leur montrant le pain de sucre. Voyez!...

JARNICOTON. Ah! qu'il est p'tit!..

SERPOLET, d'un air piteux. Pauvre Elmina!... Quel déchet!...

FULGURIN, riant. Ah! ah! ah! Au revoir, Serpolet!

Il disparaît par une trappe. Une flamme en sort.

SERPOLET. Fulgurin!...

JARNICOTON. C'était encore lui!

Serpolet pose le petit pain de sucre sur une table à gauche. En ce moment Boule de Phoque entre avec agitation et suivi de ses écuyers, de ses pages.

SCÈNE VII

LES MÊMES, dans un coin à gauche, BOULE DE PHOQUE, PAGES, ÉCUYERS.

BOULE DE PHOQUE. Quel événement!... quelle nouvelle!... Un message m'annonce à l'instant qu'une princesse étrangère vient de débarquer dans l'île tout exprès pour m'offrir sa main!...

JARNICOTON, à part. Ah bah!

SERPOLET, à part. Quel espoir!

BOULE DE PHOQUE, à sa suite. Qu'on se hâte d'aller à sa rencontre et de la conduire au palais!...

Deux écuyers sortent par le fond.

SERPOLET, bas à Jarnicoton. C'est le prince!...

BOULE DE PHOQUE. Je veux incontinent procéder à la cérémonie nuptiale.

SERPOLET, s'avançant. Nous avons justement un notaire ici.

SERPOLET, le présentant. Maître Coqueluche...

BOULE DE PHOQUE. A merveille!... Nous allons perpétrer l'acte solennel!

CLODOMIR. Monseigneur, voici vos invités!... Ils sont une flotte.

BOULE DE PHOQUE. Qu'ils entrent!

SCÈNE VIII

LES MÊMES, SEIGNEURS, suivis de leurs gardes, valets et [...] CASCAMÈCHE, et enfin MARTÈLE, grand deuil.

CLODOMIR, annonçant. Le roi Cascamèche XXXIX.

SERPOLET. JARNICOTON, COQUELUCHE, à part. Le roi ici !

BOULE DE PHOQUE, s'empressant au-devant du roi. Ah ! voyez, roi Cascamèche !... Vous seul manquiez à cette petite fête.

LE ROI, essoufflé. Pardon, mon cher Boule de Phoque... je suis en retard... J'ai tant de tracas... Je cherche ma fille qu'on m'a enlevée... Vous ne l'auriez pas vue, par hasard ?

BOULE DE PHOQUE. Mon Dieu, non !

LE ROI. C'est incroyable !... Qu'a-t-elle pu devenir ?...

SERPOLET, à part. S'il savait que ce petit pain de sucre...

CLODOMIR, au fond. Voici la mariée !

TOUS. La mariée !

CHŒUR

Air de *Barbe-bleue,*

Hyménée !   (3 *fois.*)
O chaîne fortunée !
Célébrons, en ce jour,
Dans ce riant séjour,
Et l'hymen et l'amour !
Hyménée !   (4 *fois.*)

La mariée paraît escortée par les écuyers qui portent la queue de sa robe. Un grand voile blanc dérobe ses traits. Un énorme bouquet de fleurs d'orangers brille à sa ceinture. Son costume est entièrement virginal.

LE ROI, à part. Tiens ! elle est voilée !...

BOULE DE PHOQUE, se précipitant vers la mariée et lui baisant la main. Charmante princesse, combien je suis ravi !... Mais pourquoi me dérober vos traits ! Ne consentirez-vous pas à lever un coin de ce voile ?

LA MARIÉE, d'une voix flûtée. Oh ! non... plus tard !... plus tard !...

BOULE DE PHOQUE, à part. Délicieuse pudeur ! (Haut.) Allons, soit !... Je consens à respecter votre incognito... Je vous épouse les yeux fermés. (A Coqueluche.) Approchez, tabellion, et consacrez cette heureuse union !

COQUELUCHE, au milieu de la scène. Toussant. Hum !... hum !... Prince Boule de Phoque, consentez-vous à prendre pour épouse la noble demoiselle ci-présente ?

BOULE DE PHOQUE. Oui.

COQUELUCHE. Et vous, noble demoiselle, consentez-vous à prendre pour époux le prince Boule de Phoque, ci-présent ?

LA MARIÉE, après un moment d'hésitation. Oui.

COQUELUCHE. En conséquence de cette déclaration mutuelle, je vous proclame unis en légitime mariage.

Coup de tam-tam. Les pains de sucre, qui sont dans les niches, font place à des femmes jeunes et belles, vêtues des costumes respectifs de leurs diverses nations : l'une en marchesa andalouse, l'autre en bayadère, une troisième en princesse éthiopienne, etc., etc. En même temps que cette transformation avait lieu, le petit pain de sucre placé sur la table reprenait la forme et le costume d'Elmina, mais à l'état de bébé.

CRI GÉNÉRAL D'ÉTONNEMENT. Ah !

SERPOLET. Un bébé !

Il lui presse le ventre avec le pouce, le bébé fait : Cuic ! Il le repose sur la table.

JARNICOTON, à part. Comme elle est diminuée, la pauvre enfant !...

BOULE DE PHOQUE, montrant les femmes placées dans les niches. Leur métamorphose a cessé !... Et maintenant, belle princesse, daignerez-vous m'apprendre ?...

La mariée lève son voile.

LE ROI. Fleur de Cassis !...

SERPOLET. La sœur du roi !

BOULE DE PHOQUE. Une vieille !... Je suis volé !... affreusement volé !...

FLEUR DE CASSIS. Hein ?... Qu'est-ce à dire ?... N'allez-vous pas faire le difficile, quand moi je me résigne à épouser un bosco !...

BOULE DE PHOQUE, avec colère. Un bosco !...

CLODOMIR, accourant par le fond. Alerte !... alerte !... Voici les corsaires !

TOUS, avec effroi. Les corsaires !...

CHŒUR

Air des *Gens nerveux.*

O ciel ! (*Bis.*)
Ah ! quel effroi mortel !
Ces terribles corsaires !
Ces hommes sanguinaires !
Ah ! vraiment c'est affreux !
Fuyons ces lieux !

Sauve-qui-peut général par la droite. Les femmes sont restées dans leurs niches. Fleur de Cassis reste la dernière, lorsque Trombolino-Trombolini paraît au fond avec ses corsaires.

TROMBOLINO, d'une voix formidable. Des femmes !... Emparez-vous d'elles !...

LES FEMMES. Ciel !...

LE LIEUTENANT DES CORSAIRES. Faut-il prendre la vieille aussi ?...

TROMBOLINO, se consultant. La vieille ?... Oui, prends aussi la vieille !...

FLEUR DE CASSIS, furieuse. La vieille !

TROMBOLINO, apercevant le bébé resté sur la table. Une moutarde !... Je la pince !

Il met le bébé sur son bras. Les corsaires, sur un signe de Trombolino, se dirigent vers les femmes qui sont dans les niches. Changement.

ONZIÈME TABLEAU

Le théâtre représente un coin de la vallée des Saules, comme elle est apparue dans la dernière décoration du 1er acte. Au milieu du théâtre, la margelle du puits avec poulie et seau. Au changement, on entend des voix souterraines qui semblent sortir du puits, et ce chant continue en sourdine pendant tout ce tableau et tout le tableau suivant.

SCÈNE PREMIÈRE

JARNICOTON, COQUELUCHE, SERPOLET.

VOIX DE JARNICOTON. Maître Coqueluche ?

VOIX DE COQUELUCHE. Laissez-moi tranquille ! A chaque pas je manque de me casser le cou !

VOIX DE JARNICOTON. Ah çà ! décidément, où nous conduis-tu ?

SERPOLET, paraissant. Où me conduisent les voix que vous entendez.

JARNICOTON, paraissant. Mais, ce n'est pas des voix...c'est un écho dans la forêt.

COQUELUCHE, paraissant à son tour. Certainement ! ce que vous entendez, ce sont des voix de bois.

SERPOLET, apercevant la margelle. Le puits ! enfin, le voilà !

JARNICOTON. Un puits !... Tiens, on dirait que les voix sortent de là !

COQUELUCHE. Alors, ce sont des voix d'eau.

SERPOLET. Nous sommes arrivés.

JARNICOTON. Comment, arrivés ?

COQUELUCHE. C'est pour nous faire voir un puits que vous nous faites faire un pareil voyage ?

SERPOLET. Ne perdons pas de temps en explications... Il faut descendre au fond de ce puits.

JARNICOTON. Moi ? Jamais !

COQUELUCHE. Comment ! c'est à un homme aussi enrhumé que vous proposez des choses pareilles ?

SERPOLET. Je n'ai besoin de vous que pour me descendre. Vous allez m'attendre ici pendant une heure.

JARNICOTON ET COQUELUCHE. Une heure ?

SERPOLET. Si, dans une heure, vous me revoyez, Elmina vous sera rendue.

JARNICOTON. Elle est donc là-dedans ?

SERPOLET. Non, mais le moyen de la revoir s'y trouve.

JARNICOTON. Explique-toi !

SERPOLET. Je n'en ai pas le temps... Prenez la poulie et tenez-la bien... Y êtes-vous ?

JARNICOTON. Oui, nous y v'là !

COQUELUCHE. Se faire accompagner d'un notaire pour lui faire faire un pareil métier ! Mais c'est un métier de sot !

SERPOLET, qui est entré dans le seau, saisissant la poulie. Lâchez tout !

JARNICOTON. Voilà !

SERPOLET, au-dessus du puits. Ah ! pardon !... arrêtez ! (Tirant sa montre.) Deux heures dix minutes !... bon ! Vous m'avez bien entendu ? dans une heure juste !

JARNICOTON et COQUELUCHE. Oui.

SERPOLET. Maintenant, allez-y tout doucement !...

JARNICOTON. Où diable peut-il aller comme ça ?

COQUELUCHE. Il va gagner des fraîcheurs pour ses vieux jours !...

Pendant ces derniers mots, le théâtre a changé d'aspect. — Le décor monte lentement et on voit Serpolet suspendu dans le seau, descendre au fur et à mesure que le décor monte. — Le théâtre représente maintenant l'intérieur du puits. — Le chant des sirènes devient plus distinct.

SERPOLET, *pendant qu'il descend.* Ah! mon Dieu, que c'est profond! impossible d'apercevoir le fond du puits... mais je distingue déjà mieux les voix qui s'en échappent... Attention. Serpolet!... rappelle-toi bien les paroles de la fée : « Si tu cèdes à une seule des séductions qui t'attendent au fond du puits, tu n'en sortiras jamais! » Oh! les voix se rapprochent... mais c'est comme si elles chantaient!... Je ne veux plus avoir d'oreilles... j'écouterai sans entendre, je regarderai sans voir! *(Ici, les eaux commencent à paraître.)* Ah! sapristi! je prends un bain de pieds!... Ah! ah! j'enfonce!... j'enfonce dans l'eau!... je passe à l'état de poisson. *(Frissonnant.)* Brrr! m'y voilà en plein!... Ah! c'est drôle! ça ne me gêne pas du tout!... Je respire comme en pleine campagne!... Ah! qu'est-ce que j'aperçois là? Oh! que c'est beau!... Bigre! Attention, Serpolet, ne te laisse pas séduire, mon garçon!

DOUZIÈME TABLEAU

L'intérieur du Puits qui chante.

SCÈNE PREMIÈRE

SERPOLET, LA FÉE CLAPOTTE, MÉLITE. LYAGORE, LISIANE, EULIMÈNE et AUTRES SIRÈNES.

LA FÉE CLAPOTTE.

AIR : *Valse nouvelle de **M**. Raspail.*

Viens à nos voix qui t'appellent,
Jeune et brave voyageur!
Viens! et qu'à nos voix se mêlent
Les battements de ton cœur!
Oui, sans redouter nul danger,
Viens passer, jeune étranger,
Au fond de ce puits charmant,
Un moment!
C'est un endroit délicieux;
Car ce puits mystérieux
Est de l'éternel amour
Le séjour!
Pour combler tes plus chers désirs,
Pour te donner tous les plaisirs,
Puisque les sirènes sont là
Ose leur dire : « Me voilà! »
Viens à nos voix qui t'appellent.
Etc., etc.

LA FÉE CLAPOTTE, *à Serpolet.* Sois le bienvenu, jeune étranger, et dis-nous quel espoir ou quel projet te conduit parmi nous.

Le seau remonte.

SERPOLET. Pardon, excuse; mais si ça n'était pas indiscret de ma part, je vous demanderais la permission de remplir de l'eau de ce puits, le petit flacon que voici.

LA FÉE CLAPOTTE. Remplis, mon ami, remplis!... mais sans doute ce n'est pas là ton seul désir?

SERPOLET. Mon Dieu, si... car, si vous le permettez, maintenant que mon flacon est plein, je ne demande pas mieux que de m'en aller. *(Regardant partout.)* Eh bien... ma corde, la corde qui tenait mon seau.

LA FÉE CLAPOTTE. Oh! tu ne t'en iras pas ainsi!... Ne vois-tu pas que nous sommes heureuses de te posséder parmi nous?

SERPOLET. Vous êtes bien honnête... mais je vais vous dire, l'eau, ce n'est pas mon élément...

LA FÉE CLAPOTTE. Te trouves-tu mal ici?

SERPOLET. Certainement non!... mais...

LA FÉE CLAPOTTE. Cette eau, on a dû te le dire, puisque tu n'as pas craint de descendre ici, cette eau a des vertus particulières qui permettent aux mortels de vivre à nos côtés; de plus, elle coule sur des rochers aurifères et, si tu aimes l'or, je puis t'en donner... regarde!

Elle montre une roche qui devient un lingot d'or.

SERPOLET. Ah! c'est vrai, que c'est un beau morceau!...

mais je vais vous dire, c'est trop lourd à porter... et me gênerait... La corde, s'il vous plaît?

LA FÉE CLAPOTTE. Attends encore!... Si l'or ne te séduit pas, à ton âge, ça se comprend, on a d'autres passions, une amoureuse, une fiancée... oui, n'est-ce pas, tu as une fiancée?...

SERPOLET. C'est justement pour ça que je voudrais...

LA FÉE CLAPOTTE. Eh bien, c'est pour elle que je veux te faire un présent... les jeunes filles aiment les diamants... Oh! ne me dis pas que non, toutes les aiment... Eh bien, tiens, prends... voilà pour elle!

Une partie du décor devient une mine de diamants.

SERPOLET. Oh! c'est bien joli! c'est bien joli!... mais je vais vous dire, ma fiancée est une paysanne... et des diamants, au village, ça serait mal vu. Par ainsi... la corde, s'il vous plaît?

LA FÉE CLAPOTTE, *avec colère.* Ah! c'en est trop! Insensible pour toi, insensible pour elle!... et tu ne t'aperçois même pas que tu es environné des divinités de l'onde!

MÉLITE, *venant appuyer sa tête sur l'épaule de Serpolet.* Regarde, mortel!... ta fiancée a-t-elle mes cheveux d'or?

SERPOLET. Non... pour ça, je conviens que...

LYAGORE, *même jeu de l'autre côté.* Regarde-moi!... a-t-elle mes yeux limpides?

SERPOLET. Ah! ça, c'est vrai qu'ils sont limpides... Après ça, dans un puits, il n'est pas étonnant...

LISIANE, *passant sa tête entre celles de Mélite et de Serpolet.* Regarde! a-t-elle mon éclat, ma fraîcheur?

SERPOLET. Oh! pour de la fraîcheur, ici, il est encore moins étonnant...

EULIMÈNE, *même jeu de l'autre côté.* Enfin, a-t-elle mon sourire? peut-elle nous être comparée?

SERPOLET, *au milieu de toutes les sirènes qui se groupent autour de lui.* Sapristi! il fait chaud dans ce puits!...

MÉLITE.

AIR : *Quand je suis sur la corde raide* (Princesse de Trébizonde.

I

Cède à la voix de la tendresse!
LYAGORE.
Ici laisse parler ton cœur!
LISIANE.
A nos côtés reste sans cesse!
EULIMÈNE.
Nous te conduirons au bonheur!
LA FÉE CLAPOTTE.
Oui, la femme la plus jolie,
Toujours dans nos bras on l'oublie!
Ce qu'on demande à la vertu
Notre bonté l'accorde...
Parle-nous donc, qu'exiges-tu?
SERPOLET.
Qu'on redescende la corde!

LA FÉE CLAPOTTE.

II

Tant de froideur, quand je n'aspire
Qu'à pouvoir te nommer mon roi!
Veux-tu partager mon empire,
Régner sur mon peuple et sur moi?
TOUTES LES SIRÈNES.
A nos désirs il faut qu'on cède!
LA FÉE CLAPOTTE.
Veux-tu tout ce que je possède?
TOUTES.
En te priant,
En souriant
Chacune ici t'aborde...
LA FÉE CLAPOTTE.
Vois que de feux
Dans tous nos yeux!
SERPOLET.
J'aimerais mieux voir la corde!

LA FÉE CLAPOTTE. Toujours! toujours cette même froideur!... Sais-tu que jamais mortel ne nous a parlé ainsi? Sais-tu?...

SERPOLET. Ah! je vois ce que c'est!... C'est une farce des autres qui sont là-haut... Toi et eux se faisant un porte-voix de ce puits... Eh! paix là-dessous! Eh... monsieur le notaire!

LA FÉE CLAPOTTE. Qu'entends-tu?

SERPOLET, *de même.* Redescendez le seau, s'il vous plaît!

LA FÉE CLAPOTTE. Eh! quoi, tu es attendu là-haut?

SERPOLET. Oui, et c'est même pour cela que je voudrais...
LA FÉE CLAPOTTE, regardant en l'air. Oui, vraiment, je les aperçois... ils sont penchés sur la margelle du puits... mais ce n'est pas à toi d'aller à eux ; c'est eux qui vont venir à toi... Regarde !
Voix de JARNICOTON et de COQUELUCHE. Ciel ! Au secours ! à moi !..

On les voit tous deux tomber du cintre.

SERPOLET. Ah ! mon Dieu ! mon beau-père ! monsieur Coqueluche !
COQUELUCHE, criant. Oh ! la la ! la la !
JARNICOTON. Sapristi de sapristi !
SERPOLET. Vous êtes-vous fait mal ?
COQUELUCHE. Je ne sais pas, je me tâte.
JARNICOTON. Non, pas trop... Comment ça se fait-y ?
SERPOLET. C'est l'eau qui a dû amortir votre chute.
COQUELUCHE. Comment ! nous sommes dans l'eau ?
SERPOLET. Mais oui.
JARNICOTON. Et nous respirons à notre aise !
LA FÉE CLAPOTTE. Cela vous étonne ?
JARNICOTON et COQUELUCHE. Que vois-je ?

AIR : *Final du quatrième acte de Matapa.*

COQUELUCHE.
Eh ! quoi !
JARNICOTON.
Eh ! quoi !
COQUELUCHE.
Quoi, près de moi...
JARNICOTON.
Pourquoi
Ces beautés divines ?
TOUTES.
Eh bien ?...
COQUELUCHE et JARNICOTON, se tâtant.
Non, rien !...
LA FÉE CLAPOTTE.
C'est qu'en
Tombant
Chez les ondines
On tombe agréablement.
JARNICOTON et COQUELUCHE.
Véritablement,
Rien de plus charmant !
SERPOLET, bas.
Méfiez-vous ! agissez prudemment !
LA FÉE CLAPOTTE.
Aujourd'hui chez nous
Vous êtes chez vous !
TOUTES LES SIRÈNES.
Oui, vous êtes tous
Maîtres chez nous !
LA FÉE CLAPOTTE.
J'ai de l'or,
Voici mon trésor !
Puis encor
Les rubis de cent diadèmes.
Les voulez-vous ?
Prenez-les tous,
Et, nous-mêmes,
Aussi prenez-nous !
ENSEMBLE
COQUELUCHE et JARNICOTON.
Ah ! vraiment, c'est le paradis,
Et je ne me doutais guère
Que tous les trésors de la terre
Fussent enfermés dans ce puits !
LA FÉE et les SIRÈNES.
Entrez dans notre paradis !
Nous chercherons à vous plaire ;
Tous les trésors de la terre
Sont enfermés dans ce puits !
SERPOLET.
Non, ce n'est pas un paradis !
Méfiez-vous, au contraire !
Tous les malheurs de la terre
Sont enfermés dans ce puits !
LA FÉE CLAPOTTE.
Plaisirs, richesse, amour, en ces lieux tout se trouve !
Oui, dans ce puits, vraiment
Charmant,
On vit gaîment
En s'adorant,

Et jamais on n'éprouve
Que du bonheur en y tombant !
COQUELUCHE et JARNICOTON.
Près de vous, nos seules amours,
Ici nous resterons toujours !
LA FÉE CLAPOTTE, parlé. Eh bien ! restez-y !

TREIZIÈME TABLEAU

Le théâtre change. — Jarnicoton et Coqueluche, transformés en crapauds, se trouvent dans une caverne affreuse. — Les Sirènes ont disparu.

SCÈNE PREMIÈRE

COQUELUCHE, JARNICOTON, en crapauds.

COQUELUCHE. Qu'est-ce donc ?
JARNICOTON. Que nous arrive-t-il ?
COQUELUCHE, appelant. Jarnicoton ! où êtes-vous ?
JARNICOTON. Me v'là !
COQUELUCHE. Comment ! cette vilaine bête, c'est vous ?
JARNICOTON. Vilaine bête vous-même !
COQUELUCHE. Mais sac-à-papier ! je ne suis pas dans mon état naturel.
JARNICOTON. Que s'est-il donc passé ?
COQUELUCHE. J'étais aux pieds de charmantes petites... je ne sais qui...
JARNICOTON. Moi, de même, je m'étais précipité aux genoux de ravissantes... je ne sais quoi...
COQUELUCHE. Lorsque tout à coup...
JARNICOTON. Lorsque subitement...

AIR du *Quai de la Mégisserie.*

Dans un' caverne logés,
Nous y faisons piteuse mine.
COQUELUCHE.
Mais en quoi sommes-nous changés ?
JARNICOTON.
Attendez que j'vous examine !
Pardon, si le nom n'est pas beau,
Mais il me semble être le vôtre ;
Vous me fait's l'effet d'un crapaud.
COQUELUCHE, vexé.
Monsieur, vous en êtes un autre !
Morbleu ! vous en êtes un autre !
JARNICOTON. Comment, moi, aussi ?
COQUELUCHE. Vous particulièrement, vous tout seul !... Il est impossible qu'un notaire...

SCÈNE II

LES MÊMES, GRENOUILLETTE.

GRENOUILLETTE, qui vient d'entrer, se mettant à rire. Ah ! ah ! ah !
JARNICOTON. Hein ?
COQUELUCHE. Qui est-ce qui rit ?
GRENOUILLETTE. Moi, qui me moque de ta noble assurance.
JARNICOTON. Ah ! c'est toi ?
COQUELUCHE. Et qui es-tu, toi ?
GRENOUILLETTE. Demande-moi plutôt ce que j'étais !... J'étais une princesse que la fée Clapotte a transformée en grenouille par jalousie.
JARNICOTON. La fée Clapotte !
COQUELUCHE. Qu'est-ce que la fée Clapotte ?
GRENOUILLETTE. Une fée cruelle qui se plaît à séduire les mortels, pour avoir le droit d'en faire ce que vous voilà !
JARNICOTON. Elle les met à la crapaudine ?
COQUELUCHE. Quelle petitesse !

GRENOUILLETTE.

Air : *C'est mon devoir.*

Oui, l'on trouve en ces lieux
Tous les amoureux,
Qu'en chantant elle appelle,
Et qui, trop tendrement,
Pendant un moment,
Ont soupiré pour elle !
Et la sirène au cœur compatissant,
Qui protége un mortel innocent,
Pour ne plus jamais sortir d'ici
En grenouille est tranformée aussi.

Les prenant sous le bras et leur faisant de l'œil a tous deux.

Mais soyez sans effroi,
Restez près de moi !
Ici même
L'on s'aime...

COQUELUCHE , à part.

Elle me fait de l'œil !

JARNICOTON , à part.

Son aimable accueil
Me charme tout de même !

GRENOUILLETTE.

Et justement vous n'arrivez pas mal ;
Aujourd'hui nous donnons un grand bal,
Un grand bal vraiment original,
Et je vais en donner le signal !

JARNICOTON et COQUELUCHE, *pendant que Grenouillette remonte.*

Ici, tous deux restés
Nous voilà plantés
Comme deux niguedouilles !

GRENOUILLETTE.

Place, voici venir,
Dansant à ravir,
Et crapauds et grenouilles !

SCÈNE III

Entrée des Crapauds et des Grenouilles.

CHŒUR GÉNÉRAL , en dansant.

Amusons-nous dans ce charmant local !
Aujourd'hui nous donnons un grand bal,
Un grand bal vraiment original
Dont on vient de donner le signal !

Ballet de Crapauds et de Grenouilles.

*A la fin du ballet, un grand coup de tam-tam ; Grenouilles et Crapauds
vont se réfugier des deux côtés du théâtre.*

SCÈNE IV

Les Mêmes, LA FÉE CLAPOTTE, SERPOLET,
Sirènes.

LA FÉE CLAPOTTE. Viens, malheureux ! viens contempler le
sort qui t'attend !... regarde !... les voilà , tes compagnons
de voyage !

JARNICOTON. Serpolet, mon gendre !

SERPOLET. Mon beau-père ! ah ! qu'il est changé !

COQUELUCHE. Et moi, me reconnaissez-vous ?

SERPOLET. Le notaire ! il a conservé ses lunettes !...

LA FÉE CLAPOTTE. Eh bien ! si tu ne tombes à mes genoux,
si tu continues à nous braver, tu vas partager leur sort.

SERPOLET. Oh ! que nenni ! Ecoute-moi, fée Clapotte. (*tirant sa montre.*) Dans une minute il y aura une heure que je
suis descendu dans ton puits, et dans une minute, justement
parce que je ne serai pas tombé à tes genoux, justement
parce que j'aurai résisté à toutes tes séductions, c'est moi
qui serai ton maître et toi qui seras mon esclave.

LA FÉE CLAPOTTE. à part. O rage ! et ne pouvoir me venger !
(*Haut et l'entourant de ses bras.*) Serpolet, mon petit Serpolet !..

SERPOLET. Va-t'en voir s'ils viennent !...

TOUTES LES SIRÈNES. Mon amour de Serpolet !...

SERPOLET. Taratata !

LA FÉE CLAPOTTE. Si ce n'est pas pour moi, que ce soit
pour ces malheureux ! Dis-moi que tu m'aimes et je les fais
ce qu'ils étaient.

SERPOLET. Ou tu me fais ce qu'ils sont !... Non, fée Clapotte, je ne t'aime pas !... non, la plus belle d'entre vous n'a
pas, à mes yeux, la moitié des charmes d'Elmina...

*Coup de tam-tam. La fée et toutes les sirènes se prosternent aux pieds de
Serpolet.*

LA FÉE CLAPOTTE. L'heure est sonnée ! je suis ton esclave,
que m'ordonnes-tu ?

SERPOLET. De rendre à ces deux animaux leur forme première et à nous trois la liberté.

LA FÉE CLAPOTTE. La liberté, je puis vous la rendre ;
mais il n'est pas en mon pouvoir de rompre le charme qui a
métamorphosé ces deux hommes.

JARNICOTON. Comment ! nous resterons crapauds ?

COQUELUCHE. Ça me génera bien pour toucher mes hono-
raires !...

SERPOLET. N'importe ! rends-nous la liberté, nous verrons
ensuite !

LA FÉE CLAPOTTE. Sois obéi !

QUATORZIÈME TABLEAU

Un aquarium fantastique.

ACTE TROISIÈME

QUINZIÈME TABLEAU

Des ruines. — Çà et là des ballots, des tonneaux. Soleil couchant.

TROMBOLINO, le Lieutenant, Corsaires,
FLEUR DE CASSIS et les huit femmes en-
levées.

*Les corsaires sont assis sur des pierres ou à terre et boivent. Les femmes
forment un groupe au fond.*

CHŒUR DES CORSAIRES

Air *des Huguenots.*

Buvons : (*Bis.*)
Le plaisir c'est de boire !
Bravons (*Bis.*)
En chantant, l'humeur noire !
Buvons ! (*Bis.*)
Le plaisir c'est de boire !
Le vin (*Bis.*)
Est un nectar divin !

TROMBOLINO, *tendant son verre à Fleur de Cassis.* Allons, verse,
la vieille !

FLEUR DE CASSIS. Insolent ! oser parler ainsi à une princesse de sang royal !.. à une Cascamèche !

TROMBOLINO. Taratata !... Pas tant de manières ! et remplis
nos verres, corpo di Bacco !

FLEUR DE CASSIS, à part. Il n'y a rien de sacré pour ces
mécréants !...

Elle verse à la ronde.

TROMBOLINO, aux autres femmes. Et vous, mes belles, de la
gaieté ! au lieu de bouder à l'écart, charmez-nous par vos
chants et vos danses.

TOUTES LES FEMMES. Nous !

FLEUR DE CASSIS. Comment, vous voulez que...?

TROMBOLINO. Pas toi, la vieille !... les autres !

FLEUR DE CASSIS. Ah ! j'étouffe !... je suffoque !

L'ESPAGNOLE, s'approchant. Grâce, monsieur le corsaire !

TOUTES. de même. Oui, grâce ! grâce !...

L'ESPAGNOLE. Je suis la fille d'un grand d'Espagne, mar-
quise de Santa-Fior, duchesse d'Alicante, y Néros, y Podrida,
y Cascados, y Cigarrettas, y Choza.

TROMBOLINO. Peste ! que de noms !

LA BAYADÈRE. Je m'appelle Néméa, mon père est roi de
Mysore.

TROMBOLINO. Oh! oh!

LA VÉNITIENNE. Je suis la fille d'un riche seigneur vénitien.

LA HONGROISE. Moi, la fille d'un hospodar de Hongrie.

LA MORESQUE. Et moi, la fille du Bey de Tunis.

TROMBOLINO. Diavolo!.. ce n'est pas de la camelotte!

LA CHINOISE. Mon père est mandarin du Céleste-Empire.

TROMBOLINO. Une mandarine! c'est du nanan!

L'AMÉRICAINE, fièrement. Je suis la fille du Homard-Subtil, le chef d'une vaillante tribu des bords de l'Ohio.

L'ÉGYPTIENNE. Je suis la fille d'un pharaon d'Égypte.

TROMBOLINO. Toutes femmes huppées!.. bravo!

LE LIEUTENANT. Nous avons fait une riche capture.

LA MORESQUE. En échange de notre liberté, nous te promettons une riche rançon.

TOUTES. Oui, oui, une rançon!

FLEUR DE CASSIS. Mon frère est généreux!.. il ne lésinera pas.

TROMBOLINO. Bah! les rançons... on la connaît celle-là!... Mauvaise affaire!.. vous serez toutes vendues.

TOUTES, indignées. Vendues!..

TROMBOLINO. C'est plus sûr et moins trompeur!

FLEUR DE CASSIS. Vous oseriez me vendre!.. moi, Fleur de Cassis!.. moi, la propre sœur du roi Cascamèche!

TROMBOLINO. Parfaitement!.. Quoique, entre nous, tu ne sois guère de défaite.

FLEUR DE CASSIS, furieuse. Ah! quelle horreur!

TOUTES. C'est une indignité!

LA BAYADÈRE.

AIR : de la belle Polonaise.

Quoi! vendre des princesses!

L'ESPAGNOLE.

La fleur de sang royal!

FLEUR DE CASSIS.

Troquer pour des espèces
Mon bouquet nuptial!
Brocanter, en juifs, en ladres,
Les charmes les plus parfaits!
Comme des tableaux sans cadres,
Ou comme de vieux buffets,
Nous adjuger sans pudeur
Au dernier enchérisseur!
Au dernier en ché, en ris, en seur,
Enchérisseur!
Ah! ah! ah! ah!

TOUTES.

Nous adjuger sans pudeur
Au dernier enchérisseur!
Au dernier en ché, en ris, en seur,
Enchérisseur!

LE LIEUTENANT, montrant Elmina. Ah çà! capitaine, et le bébé, qu'est-ce que nous en ferons?

TROMBOLINO. Le bébé? il sera vendu avec les autres... (Le prenant.) En attendant, déposons-le quelque part... Ah! ce nid de vautour!.. Il y sera comme dans un berceau. (Déposant Elmina dans un grand nid placé sur une pierre à gauche.) Allons, la mioche, fais dodo!... Et nous, camarades, une dernière rasade... Et en avant la chanson de bord!

TOUS, trinquant. A Trombolino!

TROMBOLINO.

AIR du Sire de Fich-ton-kan.

Debout sur le pont d' sa feloupe
La plume au vent, le nez en l'air!

TOUS.

Le nez en l'air!

TROMBOLINO.

Tout en grillant une chibouque,
Qui manœuvre en vrai loup de mer?

TOUS.

En loups d' mer!

TROMBOLINO.

Des mat'lots c'est le croqu'mitaine,
Un fin' mouche, un loustic fini!

TOUS.

Tic fini!

TROMBOLINO.

C'est le terrible capitaine
Trombolino-Trombolini!

TOUS.

Trombolini!

TROMBOLINO.

Poussons-nous de l'agrément
Pendant la croisière,
Et malheur au bâtiment
Qui cingle à l'arrière!

TOUS.

Poussons-nous de l'agrément
Etc., etc.

TROMBOLINO.

Haut le sabre et le verre,
Tapons dur et du train!
De ce fameux corsaire,
Voilà le gai refrain!

REPRISE EN CHŒUR

Haut le sabre... etc.

II

TROMBOLINO.

Lorsqu'on a fait une bonne prise
Et qu'on se sent en appétit!...

TOUS.

En appétit!

TROMBOLINO.

A terre, en attendant la brise,
L'équipage se divertit!

TOUS.

S' divertit!

TROMBOLINO.

Avec les bell's on fait la noce
Dans un' crique des alentours!

TOUS.

D's alentours!

TROMBOLINO.

S'il est un temps pour le négoce,
Il en est un pour les amours!

TOUS.

Pour les amours!

TROMBOLINO.

Poussons-nous de l'agrément...
Etc., etc.

TOUS.

Poussons-nous de l'agrément...
Etc., etc.

TROMBOLINO.

Haut le sabre... etc.

REPRISE EN CHŒUR

Haut le sabre... etc.

TROMBOLINO. Mais le jour commence à tomber... Camarades, allons faire un somme dans les souterrains de ce monastère.

TOUS. Partons!

TROMBOLINO, aux femmes. Passez devant, les princesses.

LE LIEUTENANT, saluant. Honneur aux dames!..

TROMBOLINO, à Fleur de Cassis. Allons, houst, la vieille!

FLEUR DE CASSIS. Esclave de ces sacripants! O mes aïeux!

TROMBOLINO. Partons!

REPRISE EN CHŒUR

Haut le sabre et le verre!
Etc., etc.

Les corsaires s'éloignent par la gauche en poussant les femmes devant eux. A peine ont-ils disparu, qu'on voit Serpolet avancer la tête derrière une colonne à droite.

SCÈNE II

SERPOLET, puis JARNICOTON et COQUELUCHE.

SERPOLET, seul. Les v'là qui s'éloignent!.. approchons en catimini... Si, pendant leur sommeil, je pouvais leur chiper Elmina... De la prudence... ne faisons pas de bruit!..

JARNICOTON, criant en dehors. Ohé! Serpolet!

COQUELUCHE, de même. Serpolet! où donc es-tu?

SERPOLET. Oh! sapristi!..

JARNICOTON, entrant par la gauche, en criant à tue-tête. Serpolet!.. Serpo... (L'apercevant.) Ah! le v'là!

COQUELUCHE, entrant et parlant très-fort. Ça n'est pas malheureux.

JARNICOTON. Depuis une heure que nous te cherchons.

SERPOLET, à voix basse. Chut!

COQUELUCHE. Hein?.. Quoi!

JARNICOTON, très-fort. Qu'y a-t-il?

SERPOLET, bas. Ne braillez donc pas comme ça!.. Vous allez réveiller les corsaires.

COQUELUCHE, effrayé. Les corsaires!

JARNICOTON, criant. Ils sont ici!..

SERPOLET, bas. Nous sommes dans leur tanière.

JARNICOTON. Saprelotte!

COQUELUCHE. Sac à pap. !...

Il est pris d'une quinte.

SERPOLET, se désolant. Allons, bon!... Le v'là qui tousse, à présent! (A Coqueluche, en lui mettant la main sur la bouche.) Mais ne toussez donc pas, malheureux!

COQUELUCHE, suffoquant. Ce n'est pas ma faute... C'est la frayeur, le saisissement...

JARNICOTON. Les corsaires ici! (Avec éclat.) Et tu ne nous préviens pas?...

SERPOLET, perdant patience et criant aussi. Moi? mais je ne fais que ça!

On entend en dehors la voix de Trombolino.

TROMBOLINO, hors scène. Du bruit!... Qu'est-ce donc?...

COQUELUCHE, avec effroi. Oh!

JARNICOTON, de même. On vient!

SERPOLET. Cachons-nous!

Ils se blotissent derrière les tonneaux. La nuit est tout à fait venue.

SCÈNE III

SERPOLET, JARNICOTON et COQUELUCHE, cachés, TROMBOLINO, le pistolet au poing, LE LIEUTENANT, portant une lanterne.

TROMBOLINO. Il me semble qu'on a parlé!... Qui va là? qui vive?

LE LIEUTENANT. Pas de réponse!

TROMBOLINO. C'est égal! Pour plus de sûreté, faisons notre ronde.

SERPOLET, à part. Sapristi!

Les deux corsaires inspectent le théâtre ; au fur et à mesure qu'ils passent derrière chaque tonneau, chacun des trois hommes tourne autour, de manière à éviter d'être vu.

TROMBOLINO. Personne!... C'est singulier!... J'avais cru entendre...

LE LIEUTENANT. Bah! c'est le vent... ou peut-être la petiote qui a crié...

TROMBOLINO. La petiote? (Il s'approche du nid où est Elmina et regarde avec la lanterne.) Elle dort!... Allons recaser une canne!...

Il sort par la gauche avec le lieutenant.

SERPOLET, dès qu'ils ont disparu. Partis!...

COQUELUCHE, revenant en scène. Ouf!... Quelle venette!...

SERPOLET, courant au nid. C'est elle!... ma petite Elmina!...

JARNICOTON, s'approchant. Ma fille!... Enfin, nous la tenons!...

SERPOLET, la contemplant. Qu'elle est gentille dans son sommeil!

JARNICOTON. C'est ben dommage qu'elle soit si réduite!

SERPOLET. Ah! si ma protectrice pouvait exaucer mes vœux!

JARNICOTON. Une idée!... Si nous l'invoquions?

SERPOLET. Attendez!... je sais un air de circonstance.

COQUELUCHE, se désespérant. Une invocation!... Nous n'en finirons pas!

SERPOLET

Air connu.

Vous que je r'trouve en tous lieux
    Par une chance fieffée,
    O bienfaisante fée.
    Paraissez à nos yeux.
    En vous je mets ma foi;
    Quand ma voix vous appelle,
    Répondez avec zèle...

LA FÉE DES EAUX, paraissant.
    C'est moi! (Bis.)

JARNICOTON ET COQUELUCHE. Elle!...

SERPOLET. J'en étais sûr! ça ne rate jamais.

SCÈNE IV

LES MÊMES, LA FÉE DES EAUX.

LA FÉE DES EAUX. Tu m'as appelée... Que veux-tu?

SERPOLET, saluant. Pardon de la liberté que j'ai prise...

JARNICOTON. Mais si c'était un effet de votre bonté...

SERPOLET. Nous désirerions...

LA FÉE DES EAUX. Eh bien?

SERPOLET. Que vous rendiez à ma fiancée la taille qu'elle avait avant sa diminution.

JARNICOTON. Oui, nous voudrions l'avoir de grandeur naturelle.

LA FÉE DES EAUX. Soyez satisfaits!

Elle touche de sa baguette le nid qui grandit et Elmina reprend sa première forme.

ELMINA, sautant à terre.

Air: *Koukouli (Mangeant.)*

    Quel bonheur!   (Bis.)
    Du ciel quelle faveur!
Je vis, je marche, je babille!
    Je retrouve à la fois
    Ma tournure gentille,
    Ma taille et ma voix
        D'autrefois!   (Bis.)
    Pendant toute une journée,
    Qui me parut une année,
    Au silence condamnée,
    Il fallut me taire ; mais
    Je compt'bien, je l'promets,
    M'rattraper désormais!

ENSEMBLE.

Quel bonheur, etc., etc.

LES AUTRES.

    Quel bonheur!   (Bis.)
    Du ciel quelle faveur!
La v'là qui marche, qui frétille.
    Elle retrouve à la fois,
    Sa tournure gentille,
    Sa taille et sa voix
        D'autrefois!   (Bis.)

ELMINA, courant tour tour aux trois hommes et avec bavardage. Serpolet!... mon petit Serpolet!... Et mon père!... et monsieur l'tabellion!

JARNICOTON. Toute la maisonnée, quoi!

ELMINA. Enfin, je vous revois, vous m'êtes rendus.

SERPOLET, la pressant dans ses bras. Nous v'là réunis.

LA FÉE DES EAUX. Mais hâtez-vous de fuir avec elle.

COQUELUCHE. C'est ça, allons-nous-en.

SERPOLET. Oui, oui, partons!

SCÈNE V

LES MÊMES, FULGURIN.

FULGURIN, paraissant. Arrêtez!

TOUS. Fulgurin!...

FULGURIN, à la Fée des eaux. N'espère pas réussir!... Mon pouvoir égale et combat le tien!

LA FÉE DES EAUX. Je saurai t'empêcher de t'emparer d'Elmina et elle m'appartiendra...

FULGURIN. Ni à moi ni à lui!

TOUS. Comment?

LA FÉE DES EAUX. Et à qui donc?

FULGURIN. A Trombolino qui, dans une heure, la vendra comme esclave sur la place de Maroc.

TROMBOLINO, qui a pu produit ses dernières mots avec les corsaires. Oui, à moi, camarades!... Emparons-nous d'elle!

ELMINA, JARNICOTON et SERPOLET. Ciel!

CHŒUR

Air: *Vengeance! Recueil depuis Waterloo.*

LES CORSAIRES ET FULGURIN.

    Courage!   (Bis.)
    Et vite à l'abordage!
    Enlevons \
    Emmenez / également
    Ce gentil bâtiment.

LES AUTRES.
J'enrage! (bis.)
C'est à perdre courage!
Quel événement,
Et pour nous quel tourment!

(Trombolino et les corsaires entraînent Elmina. Fritzorin et la Fée des Eaux ont disparu pendant ce mouvement. Musique jusqu'à la fin.)

SERPOLET, résolu. A Maroc!... Oh! j'irai!...
JARNICOTON. Nous irons tous!
SERPOLET. Avec un sac!...
JARNICOTON. Et un fameux!
SERPOLET et JARNICOTON. En route!
COQUELUCHE, désolé. Encore marcher! C'est pour en mourir!

(Ils sortent. Changement.)

SEIZIÈME TABLEAU

Une grande place à Maroc.

SCÈNE PREMIÈRE

TROMBOLINO, FLEUR DE CASSIS, ELMINA, LES HUIT PRINCESSES, CORSAIRES, ACHETEURS, puis SERPOLET, JARNICOTON ET COQUELUCHE.

CHŒUR

Air de la Muette.

Au marché qui vient de s'ouvrir,
Amis, hâtons-nous d'accourir;
Les enchères vont se couvrir
Et chacun va surenchérir!
TROMBOLINO, désignant la bayadère.
Voyez, admirez, signori,
La beauté de cette houri!
Son corps dans le marbre est taillé.
Et rien, non rien n'est maquillé.
CHŒUR.
Au marché qui vient de s'ouvrir,
etc., etc.

FLEUR DE CASSIS. Vendue, vendue au marché... comme une botte d'asperges... quelle honte!
ELMINA, à part. Hélas!... tout m'abandonne.. que vais-je devenir?...
FLEUR DE CASSIS, à part. Si du moins mon acquéreur pouvait être un jeune et beau Marocain qui ferait de moi sa favorite!...
SERPOLET, en dehors. Venez!... venez, père Jarnicoton!...
ELMINA. Qu'entends-je?
SERPOLET, accourant. Enfin, nous y v'là!...
JARNICOTON. Nous arrivons à temps!...
COQUELUCHE. Ouf!... quelle course!
ELMINA, venant à eux. Serpolet!... mon père... à Maroc!
SERPOLET, tenant sous son bras un gros sac d'argent. Oui, console-toi, ma petite Elmina! Nous venons t'acheter.
JARNICOTON, qui en tient un autre. Nous apportons des noyaux.
SERPOLET. Des écus, des jaunets... tiens, tiens! Écoute!
(Ils font sonner l'argent de leurs sacs.)
JARNICOTON. Hein!... comme ça sonne!
ELMINA. Ah! quel bonheur! que je suis contente!

SCÈNE II

LES MÊMES, LE ROI, suivi de deux écuyers qui portent des sacoches.

LE ROI. Place! place!
SERPOLET. JARNICOTON et COQUELUCHE. Le roi!
FLEUR DE CASSIS. Mon frère!

SERPOLET, bas à Jarnicoton. Saperlotte! il vient nous faire concurrence.
LE ROI. J'ai appris par les petites affiches que la princesse Emeraudine allait être vendue aux enchères...
FLEUR DE CASSIS. Et moi aussi, mon frère, et moi aussi.
LE ROI. Vous?... ça m'est bien égal...
FLEUR DE CASSIS. Hein?...
LE ROI. Il s'agit de ma fille.
JARNICOTON. De la mienne.
SERPOLET. De ma fiancée.
LE ROI. Encore ces paysans!... Auriez-vous l'audace d'aller sur les brisées royales? Oseriez-vous braconner sur mes terres?
JARNICOTON. Vos terres!...
LE ROI. En un mot, prétendriez-vous me disputer la princesse?
SERPOLET. Si nous vous disputerons Elmina!
LE ROI, criant. Emeraudine.
JARNICOTON. Mais....
LE ROI. Silence, manants!... (Se calmant.) Au surplus, je ne vous crains pas... Je vous l'enlèverai à prix d'or.
TROMBOLINO, à part se frottant les mains. Bravo!... ça se corse!
FLEUR DE CASSIS. Mais moi, mon frère, moi?
LE ROI, à part. Ah! quelle bassinoire!
FLEUR DE CASSIS. Vous ne songez qu'à la princesse; il serait juste de vous occuper de votre sœur.
LE ROI, à part. Saignons-nous pour avoir la paix. (Haut.) Voyons combien?... Je mets dix francs.
FLEUR DE CASSIS, à part. Quel pingre!
TROMBOLINO, criant. Dix francs!... il y a amateur à dix francs!
LE ROI, à part. Pourvu que ça ne monte pas trop!
TROMBOLINO. Dix francs, messieurs!... qui met au-dessus de dix francs? (Silence général.) Personne ne dit mot?
COQUELUCHE, à part. On manque d'enthousiasme.
TROMBOLINO. C'est bien vu?... bien entendu?... Adjugée la vieille!
FLEUR DE CASSIS, furieuse. Pour dix francs!.. je suis adjugée pour dix francs, moi!
LE ROI, à part. J'ai fait un impair! je l'aurais eue pour cent sous.
FLEUR DE CASSIS, avec indignation. Ah, Jules! ah, mon frère! ce sera une tache pour votre règne..
LE ROI, l'interrompant. Ah! laissez-moi tranquille! (A Trombolino.) Passons à une autre.
JARNICOTON. Oui, ma fille.
LE ROI, avec colère. La mienne.
TROMBOLINO. Pardon, sire... permettez-moi d'abord de procéder à l'adjudication de cette belle almée.
LE ROI. Soit, dépêchons!
SERPOLET. Nous attendrons.
TROMBOLINO. Allons, perle d'Orient, déploie tes talents et tes grâces!
LA BAYADÈRE. Moi.
TROMBOLINO. Obéis! je le veux!

Récitatif. Premier jour de Bonheur.

Du pays de Brahma
Dis-nous les chants rêveurs et danse la polka!
LA BAYADÈRE.

Air des Djins.

Ah! de la guzla j'entends les accords!
Ce bruit charmant met le diable au corps
Veux-tu danser? Oui!
Avec un vieux? Non!
S'il a de l'or? Oui!
S'il est pané? Non!
Ah viens! ah viens! j'ai des bijoux
Ah viens! ah viens! Sois mon époux!
Ah! ah! ah! ah! ah!
TROMBOLINO. Le chant n'est rien, vous allez voir la danse!

BALLET D'ALMÉES

TOUS, applaudissant. Bravo, bravo!
COQUELUCHE, à part. Elles ont du montant, ces bayadères..
Et si je n'étais pas si enchumé...
UN ACHETEUR. Mille sequins!
UN AUTRE. Deux mille!
TROMBOLINO, criant. Deux mille sequins!...
COQUELUCHE, à part. Bah! tant pis! je me risque! (Haut.) Cinquante centimes de plus.
TROMBOLINO. Deux mille sequins, cinquante...
PREMIER ACHETEUR. Deux mille cinq cents!

DEUXIÈME ACHETEUR. Trois mille.

TROMBOLINO, *criant.* Trois mille sequins!

COQUELUCHE, *à part.* Ah! ma foi, j'y renonce.

TROMBOLINO, *répétant.* A trois mille sequins les princesses orientales... (*Silence.*) Une fois, deux fois!... personne ne dit mot? Adjugé!

PREMIER ACHETEUR, *avec joie.* Ah!

Il passe près de Trombolino et paye.

LE ROI. A présent, vivement, occupons-nous de ma fille!

JARNICOTON. De la mienne, sarpejeu!

TROMBOLINO, *à Elmina.* Approchez, signorita!

ELMINA, *vivement.* Voilà!

CHŒUR

Air de la loi Salique.

Que de beauté! Que d'innocence!
De tant d'attraits on est épris.
Qu'à l'instant la vente commence
Et que chacun dise son prix!
Procédons à la mise à prix!

SCÈNE III

LES MÊMES, FULGURIN, en brillant costume de prince oriental et suivi de PHOSPHORIEL et de FLAMMÈCHE, déguisés en esclaves et portant de riches coffrets.

FULGURIN, *s'avançant.* Un instant!

TOUS. Un étranger!

SERPOLET. Qu'est-ce qu'il veut, celui-là?

FULGURIN.

Air de la Gazette de Hollande (Grande-Duchesse.)

On va procéder à la vente
D'une aimable et jeune beauté,
Et, pour un achat qui me tente,
Je me présente au débotté;
De cette rose printanière,
Voulant acquérir les attraits,
J'arrive ici dans ma litière,
Suivi d'esclaves et de coffrets.
Ma fortune est brillante et ronde,
Bref, comme l'on dit, j'ai de quoi.
Chapeau bas, et saluez-moi,
Oui, tous ici, saluez-moi!
Je suis enfin (*Bis.*) je suis le prince de Golconde!

PHOSPHORIEL et FLAMMÈCHE, LE CHŒUR.

Diamants, or de bon aloi...

FULGURIN.

Enfin quoi, nous avons de quoi!

TOUS LES TROIS ENSEMBLE.

Inclinez-vous devant le prince de Golconde!

SERPOLET, *à part.* Encore un concurrent!...

LE ROI. Corbleu! il va me ruiner!

FLEUR DE CASSIS, *bas.* C'est bien fait!... Ça vous apprendra, vieux grigou!...

LE ROI, *sévèrement.* Ma sœur!... N'importe! je lui tiendrai tête, et quand tous les fonds de l'État devraient y passer.....

FULGURIN. Prenez garde! vous avez affaire à un rude jouteur!

ELMINA, *à part.* Ah! mon Dieu!

LE ROI. Et moi, je suis décidé à vous couper l'herbe sous le pied... jeune homme!

FULGURIN. C'est ce que nous verrons!

SERPOLET. Oui, c'est ce que nous verrons, saperlotte!

FULGURIN, *avec ironie.* Vous savez que la vente est expressément au comptant?

TROMBOLINO. Ah! oui, c'est de rigueur!

SERPOLET. Bien! bien!... Allez vot' train!

JARNICOTON. Nous avons de quoi payer.

LE ROI. Corne-de-bœuf! mes sacoches sont bien garnies, je m'en vante!

SERPOLET, *faisant sonner son sac.* De belles pistoles toutes neuves!...

JARNICOTON, *faisant sonner le sien.* Et pas rognées du tout!

LE ROI, *tapant sur les sacoches qui portent des écuyers.* De superbes écus d'or à mon effigie!

FULGURIN, *toujours ironique.* Vraiment?...

JARNICOTON. Tenez... voyez plutôt...

SERPOLET. Regardez-moi ça...

Tous deux ouvrent les sacs, des lapins s'en échappent.

TOUS, *riant.* Ah! ah! ah!

JARNICOTON. Qu'est-ce que c'est que ça?

SERPOLET. Des lapins!

JARNICOTON, *de même.* J'étais pourtant bien certain d'avoir mis...

LE ROI, *riant.* Ah! ah! ah! C'est avec cette monnaie de garenne qu'il veut me faire concurrence, à moi, Cascamèche XXXIX, qui arrive avec un véritable trésor.

FULGURIN. Un trésor?

LE ROI, *avec importance.* Exhibez, écuyers! exhibez mon trésor! (*Les écuyers ouvrent les sacs, il en sort deux canards qui prennent leur volée.*) Hein?...

FULGURIN. Des canards!

TOUS, *riant de plus belle.* Ah! ah! ah! ah!

LE ROI, *avec colère, aux écuyers.* Comment, drôles, au lieu d'espèces sonnantes et trébuchantes, vous apportez ici de la volaille?

LES ÉCUYERS, *s'excusant.* Sire...

LE ROI. Assez! je vous chasse!

FULGURIN. Quant à moi, voici ce que j'offre en échange de cette ravissante jeune fille,

Phosphoriel et Flammèche s'approchent de Trombolino et lui présentent les coffrets.

PHOSPHORIEL et FLAMMÈCHE. Voyez!

TROMBOLINO, *ébloui.* De l'or!... des rubis!... des diamants!

FULGURIN. Inutile, je crois, de mettre aux enchères?

TROMBOLINO. Oui, oui!... Adjugé, mon prince, adjugé!

ELMINA. Ciel!

SERPOLET, *à part.* Tout est perdu!

FULGURIN. A moi donc Elmina!

JARNICOTON. Ma fille!...

LE ROI. Ma fille unique!... elle m'échappe encore!

FLEUR DE CASSIS. Votre sœur vous reste!

LE ROI *furieux.* Allez au diable!

FULGURIN, *à Elmina.* Viens,

ELMINA, *cherchant à lui échapper.* Laissez-moi! laissez-moi!...

FULGURIN, *l'entraînant.* Cette fois tu m'appartiens!... Fulgurin l'emporte au royaume des Salamandres.

TOUS. Fulgurin!

Un char de feu sort de terre, Fulgurin s'y place avec Elmina, Phosphoriel et Flammèche, et tout disparaît au milieu des flammes.

CHŒUR

Air du Lac des fées.

Ah! quelle { horrible / étrange } aventure
Dans un char lumineux,
En ces lieux,   (*Bis.*)
Il l'enlève à nos yeux!
Ah! quelle { horrible / étrange } aventure!
Pour { nous / eux } Quelle torture
Et quel sort rigoureux!

Le roi sort en levant de grands bras et suivi par Fleur de Cassis. — Sortie générale de divers côtés.

SCÈNE IV

SERPOLET, JARNICOTON, COQUELUCHE, puis LA FÉE DES EAUX.

JARNICOTON. C'était lui!... ce maudit farfadet!

COQUELUCHE, *à Serpolet.* Et tu l'as laissé s'échapper!...

SERPOLET. Quand j'avais là... là... dans ma poche, ce flacon d'eau magique... (*Se donnant des coups de poing.*) Maladroit! imbécile que je suis!

JARNICOTON. Comment le retrouver maintenant?

COQUELUCHE. Pour ma part j'y renonce! Après être tombé dans l'eau, je ne me soucie pas de rissoler dans le feu.

JARNICOTON. Si encore on savait ous qu'il perche, cet oiseau-là!

SERPOLET. Mais par quel moyen l'apprendre? Qui nous le dira?...

LA FÉE DES EAUX, *paraissant.* Moi!

TOUS. La Fée des Eaux!

LA FÉE DES EAUX. Je ne puis te servir de guide; mais prends

cette boule, jette-la devant toi... et elle te conduira au palais de Fulgurin.

SERPOLET, la prenant. Cette boule ? Oh! oui, oui, je la suivrai, fût-ce jusqu'au bout du monde!... Merci!... Et maintenant, en route!

JARNICOTON, à Coqueluche. Venez.

COQUELUCHE. Comment, encore!

SERPOLET. Venez donc!

Air *des Fraises.*

Hâtons-nous d'peur d'échouer !
JARNICOTON.
Suivez-nous sans bisbilles ?
SERPOLET.
Lorsqu'on vient de m'allouer
Une boule, il faut jouer
Des quilles !   (*Ter.*)

Ils sortent d'un côté, la fée s'éloigne de l'autre. — Changement.

DIX-SEPTIÈME TABLEAU

Une chambre d'auberge. — Deux fenêtres avec rideaux au fond; portes à gauche et à droite.

SCÈNE PREMIÈRE

FULGURIN, PHOSPHORIEL et FLAMMÈCHE

Fulgurin en maître-d'hôtel, veste de soie à ramages, tablier blanc, couteau de cuisine passé dans la ceinture, culotte bouffante, bas de soie rouges. — Phosphoriel et Flammèche en garçons d'auberge très-coquets.

FULGURIN, entrant par le fond avec PHOSPHORIEL et FLAMMÈCHE. Vous m'avez bien compris, vous autres ?

PHOSPHORIEL et FLAMMÈCHE. Oui, maître.

FULGURIN. Voyons, posons bien la situation.

PHOSPHORIEL. C'est bien simple: la Fée des Eaux, votre rivale, a donné à Serpolet une boule qui devait le conduire tout droit à votre palais.

FLAMMÈCHE. Déjà il était à moitié chemin avec ses deux fidèles acolytes, Jarnicoton et Coqueluche.

FULGURIN. Alors, moi, qu'ai-je fait? J'ai fait surgir du sol un obstacle devant lequel la boule s'est tout à coup arrêtée.

PHOSPHORIEL. Oui, cette auberge où ils ne tarderont pas à entrer.

FLAMMÈCHE. S'imaginant sans doute qu'ils sont au terme de leur voyage.

FULGURIN. Ou que leur guide leur ordonne de faire une halte. Il s'agit de les recevoir de manière à leur ôter l'envie de se remettre en chemin.

PHOSPHORIEL. Compris! les délices de Capoue.

FULGURIN. Si je puis les retenir jusqu'à demain je suis sauvé, car demain la boule magique aura perdu son pouvoir. (Allant regarder à la fenêtre.) Voilà nos trois imbéciles qui se consultent... Bon! ils se décident à entrer...

PHOSPHORIEL, au fond. Je les entends qui grimpent l'escalier.

FULGURIN. Attention !... et de l'adresse!...

Ils se tiennent au fond.

SCÈNE II

LES MÊMES, JARNICOTON, COQUELUCHE, SERPOLET.

JARNICOTON, entrant par le fond en parlant à Serpolet. Mais oui, j'te répète que puisque la boule s'est arrêtée devant la porte, c'est pour nous dire d'entrer !

COQUELUCHE. C'est évident !... Toutes les fois que vous voyez une boule s'arrêter à la porte d'une auberge, ça veut dire... Après ça vous me direz qu'on ne voit pas toujours trois idiots comme nous suivre une boule.

JARNICOTON. Et sans la perdre de vue un instant.

COQUELUCHE. Oh ! moi, je ne la regardais seulement pas... je me contentais de marcher derrière vous, en me disant : Ah ! s'ils pouvaient perdre la boule!...

SERPOLET, qui depuis son entrée, contemple d'un air pensif la boule qu'il tient à la main. Faut-y m'arrêter ici? Faut-y poursuivre mon chemin? voilà le hic !

JARNICOTON. Hum? tu dis?

SERPOLET, se parlant à lui-même. Car enfin, cette auberge ne peut-être...

JARNICOTON. Mais puisque la boule s'est arrêtée d'vant la porte...

COQUELUCHE. C'est clair, puisque la boule...

SERPOLET, indécis. Je sais ben, mais...

FULGURIN, à part. Il hésite !... (S'approchant.) Comment ! d'illustres voyageurs ! ... Et l'on ne me prévient pas!...

JARNICOTON. Ah ! voici l'hôtelier.

FULGURIN. Lui-même... et mes deux premiers garçons, Petit-Pierre et Jean-Paul... Pardon, seigneurs, de ne m'être pas trouvé là à votre arrivée... J'étais à mes fourneaux !...

PHOSPHORIEL. Oui, dans son coup de feu.

FULGURIN. Que vais-je avoir l'honneur de servir à mes nobles hôtes ?

JARNICOTON, bas à Coqueluche. Ses nobles hôtes !... Y nous prend pour des princes déguisés.

FLAMMÈCHE. Ces messieurs veulent-ils se rafraîchir ?

PHOSPHORIEL. Ou prendre une légère collation?

COQUELUCHE. Légère, je l'aimerais mieux...

FULGURIN. Commandez!... Pâtisseries, conserves, primeurs, gibier de premier choix.

SERPOLET. Mais, nous ne restons pas... il faut...

JARNICOTON. Comment! nous ne restons pas!...

COQUELUCHE. Ah! par exemple, si, nous restons ! je meurs de faim, moi.

JARNICOTON. Et moi aussi.

COQUELUCHE.

Air de *l'Avare.*

Depuis ce matin je n'ai fait
Que suivre une boule roulante ;
Mon estomac peu satisfait,
Trouve la chose insuffisante.
Que l'on me serve un autre mets;
Et si tu ne rêves que boules,
Ça m'est égal, et je permets
Qu'on l'assaisonne de ciboules !

SERPOLET, regardant la boule qu'il tient à la main et à part. Elle ne bouge pas... Au fait, c'est peut-être qu'y faut rester...

FULGURIN, à part. Il se consulte !

SERPOLET, se décidant. Eh ben ! voyons; qu'est-ce que vous avez à nous donner ?

FULGURIN. La carte du jour? Voilà !

Air : *Antiquaire savant.*

Soupe au macaroni,
Potage à la Créci,
Potage à l'abricot,
Ou potage à la Monaco.
Les pieds farcis, l'alose à la bourgeoise,
Barbillon frit, carpe, anguille de mer,
Bar au gratin, truite à la génevoise,
Limande et sole à la sauce Robert.
Foie et tête de veau,
Aloyau, lapereau,
Filet, gigot d'agneau,
Cervelle frite et fricandeau.
Chapon du Mans, bécasse et bécassine,
Perdreaux truffés, à la broche, en salmis,
Caille au chasseur, pigeons en crapaudine,
Aux petits pois, en papillote ou frits,
Artichauts au verjus,
Et salsifis au jus,
Truffes au naturel,
Concombre à la maître-d'hôtel.
Pour entremets, œufs à la célestine,
Œufs à la tripe, à l'aurore, en cornets,
Aux macarons, au miroir, en terrine,
Au lait, au sucre, à la neige, en beignets.
Enfin, glaces, sorbets,
Compotes et parfaits,
Mille gâteaux divers,
Et tous les fruits de l'univers.
Quant à ma cave, avant mes vins d'Espagne,
Mon vin du Rhin, mon chypre et mon xérès,
Mon vieux bourgogne et mon vin de champagne,
Donnent la palme à nos coteaux français.
Voilà ce qu'à loisir
Vous pouvez vous offrir !
C'est à vous de choisir,
Demandez, faites-vous servir !
ENSEMBLE.
Voilà ce qu'à loisir
Vous pouvez vous }
Nous pouvons nous } offrir !

C'est à vous) de choisir ;
C'est à nous)
Demandez, faites-vous) servir !
Demandons, faisons-nous)

SERPOLET, qui a réfléchi. Donnez-nous un pichet de cidre et un morceau de fromage.

COQUELUCHE, se récriant. Du fromage ! Ah ! par exemple !

JARNICOTON. Ah ! mais non !... Je m'y oppose ! Je préfère une bonne poularde et deux bouteilles de bourgogne.

COQUELUCHE. Enfin un repas bien troussé.

PHOSPHORIEL ET FLAMMÈCHE. Un repas bien troussé ? Voilà, boum !...

Ils sortent par la gauche.

FULGURIN. Dans une seconde vous serez servis.

LE ROI, en dehors, au fond. Holà ! hôtelier ! garçons !

TOUS. Le roi !

FULGURIN, à part. Diable ! il va nous gêner !

SCÈNE III

LES MÊMES, LE ROI, FLEUR DE CASSIS.

LE ROI. Par ici, ma sœur, par ici !

FLEUR DE CASSIS. Mais, mon frère, nous sommes dans une gargotte.

LE ROI. Est-ce que je sais ? Il va tomber une averse, je trouve une auberge sur ma route, et je m'y blottis... Depuis cette maudite vente, séparé de ma suite, et ensuite, par suite de tout ce qui s'en est suivi... Que vois-je ? encore ces vilains !

SERPOLET, JARNICOTON ET COQUELUCHE. Sire...

LE ROI. Toujours vous !... mais c'est intolérable ! mais on n'a jamais vu un roi condamné à passer sa vie en compagnie d'un notaire et de deux rustres !

JARNICOTON. Pardon, sire, mais c'est vous qui...

LE ROI. Moi qui quoi ? moi quoi qui ?

JARNICOTON. Qui vous êtes jeté à la traverse quand je cherchais ma fille.

LE ROI. La mienne.

JARNICOTON. Mais non, la mienne !

LE ROI, avec colère. Ah ça ! est-ce que ça va recommencer ?

AIR : *Tenez, moi je suis un bonhomme.*

La tienne !... (Se calmant.) après ça je m'en fiche !
Je renonce à cet enfant-là,
Surtout depuis qu'un homme riche,
Dans une vente, l'acheta,
Car l'histoire des Cascamèche,
Si cela m'était reproché,
Pourrait dire qu'un jour de dèche
J'ai vendu ma fille au marché !
On dirait qu'en un jour de dèche
J'ai vendu ma fille au marché !

Eh ? bien voyons donc, cet aubergiste ?...

FULGURIN. Me voilà, sire, me voilà !

LE ROI. Sers-nous à souper.

FLEUR DE CASSIS. Quelque chose de fin, de délicat, si c'est possible.

FULGURIN, à part. Il faut les renvoyer. (Haut.) Excusez-moi, sire, mais...

LE ROI. Quoi ?

FULGURIN. Il me reste fort peu de provisions, et...

PHOSPHORIEL et FLAMMÈCHE, entrant par la gauche avec une petite table toute servie qu'ils vont placer à droite. Le souper demandé.

LE ROI. Hein !

FLEUR DE CASSIS. Mais voilà des victuailles !

LE ROI, à Fulgurin. Que me disais-tu donc, toi !

Phosphoriel et Flammèche sortent.

SERPOLET. Notre souper !... vite, à table !

JARNICOTON et COQUELUCHE. A table !

LE ROI. Qu'est-ce à dire ? à table, devant moi !... et quand je tombe d'inanition ! Arrière, manants ! je m'empare de ce festin !

FLEUR DE CASSIS. Nous nous en emparons.

COQUELUCHE. Ah ! par exemple !

JARNICOTON. C'est un peu fort de café !

FULGURIN. Calmez-vous ! J'ai à vous offrir un souper tout semblable. (Criant.) Servez guéridon au 2 ! Boum !

Une petite table toute servie est apportée par Phosphoriel et Flammèche.

SERPOLET et JARNICOTON. A table !

FLEUR DE CASSIS, s'asseyant au guéridon de droite. Allons, mon frère, mangeons !

LE ROI. Mangeons !...

En ce moment, les mets se trouvent remplacés par un assortiment de remèdes pharmaceutiques. La bouteille se change en clyso-pompe, les compotiers en gros bocaux sur l'un desquels on lit : Jalap, et sur l'autre : Huile de ricin, en même temps que, de la table, tombe une pancarte sur laquelle on lit : Pharmacie allopathique.

LE ROI. Qu'est-ce que c'est que ça ? une pharmacie !

FLEUR DE CASSIS. Horreur !

LE ROI. On nous sert des drogues !... tandis que ces malotrus font bonne chère !... (Allant à la table de gauche.) Allons, place !

SERPOLET, JARNICOTON et COQUELUCHE. Comment ?

LE ROI. Levez-vous, marauds, et cédez-nous votre souper.

SERPOLET. Mais nous ?

FLEUR DE CASSIS. Vous prendrez le nôtre.

JARNICOTON. Soit !

COQUELUCHE. J'y consens.

SERPOLET. Ça m'est égal !

Ils passent à la table de droite, le roi et Fleur de Cassis s'asseyent à celle de gauche. Aussitôt la table de droite reprend son aspect primitif, tandis que celle de gauche se change en pharmacie.

LE ROI et FLEUR DE CASSIS. Encore !

Air du *Dieu et la Bayadère.*

Ah ! c'est épouvantable !

SERPOLET, JARNICOTON et COQUELUCHE.
Quel repas délectable !

LE ROI et FLEUR DE CASSIS.
C'est un tour odieux !

SERPOLET, JARNICOTON et COQUELUCHE.
Ce vin est merveilleux !

LE ROI et FLEUR DE CASSIS.
Jalap et vulnéraire !

SERPOLET.
Des biscuits, du madère !

COQUELUCHE.
De l'excellent raisin !

LE ROI et FLEUR DE CASSIS.
De l'huile de ricin.

ENSEMBLE.

LE ROI et FLEUR DE CASSIS.
J'étouffe de colère !
Nous sommes, ô fureur,
Chez un apothicaire,
Chez un empoisonneur !

SERPOLET, JARNICOTON et COQUELUCHE.
Quel charmant ordinaire !
Je vote à ce traiteur,
Pour son art culinaire
Un' lardoire d'honneur !

LE ROI et FLEUR DE CASSIS.
Quel souper détestable !

SERPOLET, JARNICOTON et COQUELUCHE.
Quel repas délectable !

LE ROI et FLEUR DE CASSIS.
C'est un tour odieux !

SERPOLET, JARNICOTON et COQUELUCHE.
Tout est délicieux.

COQUELUCHE.
Quelle excellente chère !

LE ROI et FLEUR DE CASSIS.
Quelle affreux ordinaire !

SERPOLET, JARNICOTON et COQUELUCHE.
Ce vin est un velours !

LE ROI et FLEUR DE CASSIS.
On en veut à nos jours !

SCÈNE IV

LES MÊMES, FULGURIN, entrant suivi de PHOSPHORIEL, de FLAMMÈCHE et de CINQ SERVANTES, représentées par des HOMMES et habillées de perse. (Costumes Louis XV.)

FULGURIN. Eh bien ! qu'est-ce donc ?

PHOSPHORIEL et FLAMMÈCHE. Qu'y a-t-il ?

LE ROI. Ce qu'il y a, maroufles ? (Montrant la table de gauche.) Voyez ce qu'on a l'audace de nous servir ! (La table reprend son premier aspect.) Tiens !

FULGURIN. Quoi ?

FLEUR DE CASSIS. Est-ce possible ?

FULGURIN. Qu'avez-vous ?

LE ROI. Étrange ! Étrange !

FLEUR DE CASSIS. Il faut que cette bicoque soit ensorcelée !

TOUS. Ensorcelée !

LE ROI. Tout à l'heure, ici, sur cette table, se trouvait un cly...

FLEUR DE CASSIS, l'interrompant. N'achevez pas, mon frère!.. par convenance, n'achevez pas!

FULGURIN. Vous aurez sans doute rêvé, sire... Voyez, rien n'est changé... Remettez-vous à table!

LE ROI, vivement. Jamais!

FLEUR DE CASSIS. Jamais!

LE ROI. Otez tout ceci de mes yeux!

FULGURIN. A vos ordres. (Criant.) Enlevez!

Les deux guéridons disparaissent par des trappes. Flammèche et Pho phœriel emportent les chaises.

FLEUR DE CASSIS. Partons, mon frère!

LE ROI. Oui, partons!

FULGURIN, à part. Bravo! j'ai réussi!

SERPOLET. Moi aussi, je pars!

FULGURIN. Hein?

JARNICOTON. Comment! déjà?

COQUELUCHE. On est si bien ici!

SERPOLET. Restez si vous voulez... moi, je me remets en route.

Le tonnerre se fait entendre.

LE ROI. Allons, bien! voilà l'orage qui éclate.

TOUS. Un orage!

PHOSPHORIEL, à la fenêtre. Et il pleut à torrents.

SERPOLET. Sapristi! impossible de sortir!

FULGURIN, à part. Voilà la première fois que l'eau vient à mon aide.

LE ROI. Attendons ici que la pluie ait cessé.

FLEUR DE CASSIS, avec humeur. Attendre!.. nous n'avons seulement pas de chaises pour nous asseoir.

FULGURIN. Des chaises! fi donc! voilà des fauteuils!

Les cinq servantes deviennent des fauteuils.

TOUS. Des fauteuils!

LE ROI. C'est parbleu vrai!

JARNICOTON. Cinq fauteuils!.. un par physionomie!

FULGURIN. Reposez-vous tout à votre aise!.. Bonsoir, messeigneurs!

Il sort.

LE ROI. Ma foi, je vais me payer un léger somme!

Il s'assied dans un des fauteuils.

COQUELUCHE, s'asseyant. Tiens, moi aussi, ça me remettra.

JARNICOTON, de même. C'est ça! dormons!

FLEUR DE CASSIS, de même. Piquons un chien, comme on dit à la cour.

SERPOLET, à lui-même, en s'asseyant dans le cinquième fauteuil. Songe à ta mission, Serpolet! ne dors que d'un œil.

TOUS, en s'étalant dans les cinq fauteuils.

AIR : *Bonsoir, monsieur Pantalon.*

Dormons, dormons un moment!
Doucement, fermons nos paupières!
Entre les bras de ces bergères
On doit reposer mollement!
Dormons, dormons un moment!
Endormons-nous doucement!

Ils s'endorment, la musique continue piano. La Fée des Eaux paraît par une trappe.

LA FÉE DES EAUX, regardant Serpolet. Le malheureux! il dort! Et, dans quelques heures, la boule qui doit le guider aura perdu sa puissance magique... vite, réveillons ces dormeurs!

Elle étend sa baguette vers le groupe endormi. L'un des bras du fauteuil où dort le roi gratte le nez de Croquemiche. La fée se retire et finit par disparaître par la gauche.

LE ROI, se grattant le nez. Va-t'en donc, vilaine mouche! (Eternuant.) Atchum!

SERPOLET, dormant. Entrez!

Le bras de son fauteuil mouche le roi.

LE ROI, dormant. Hein! qui est-ce qui se permet de?..

FLEUR DE CASSIS, que son fauteuil enlace de ses deux bras. Laissez-moi, jeune téméraire!.. non... non... c'est des bêtises!.. je ne veux pas. na!

Le fauteuil de Serpolet prend Serpolet dans ses bras et va le porter sur les genoux de Coqueluche.

COQUELUCHE, criant. Ah! j'étouffe!.. on m'étrangle! A moi!

Tous, s'éveillant, battus par les fauteuils.

Au secours! A la garde!

Les cinq fauteuils grandissent.

FLEUR DE CASSIS. Ciel! nos fauteuils qui se lèvent!

LE ROI. Ils se dressent devant nous!

Les fauteuils se mettent à danser.

TOUS. Ils dansent!

Air de *la Monaco.*

Ils dansent entr' eux!
C'est un nouveau miracle!
Ah! c'est fabuleux,
Surprenant, merveilleux!
Ils dansent entr' eux,
Quel étrange spectacle
Et même, en ces lieux,
Nous dansons avec eux!

FLEUR DE CASSIS, faisant vis-à-vis à un des fauteuils.
Eh quoi! danser,
Se trémousser!

LE ROI, de même.
J'ai fait danser naguères
Des bergères...

FLEUR DE CASSIS.
Mais des fauteuils danser un pas!
Tous les matins cela ne se voit pas!

ENSEMBLE
En dansant.

Ils dansent entre eux! Etc., etc.

Les fauteuils sortent en dansant.

SERPOLET. Décidément, cette auberge est enchantée, et je me sauve.

TOUS. Oui, sauvons-nous! Fuyons!

Ils vont pour sortir, mais tout à coup les deux portes disparaissent et les fenêtres se garnissent de barreaux.

SERPOLET. Ah! saperlotte!

LE ROI. Plus de portes!

FLEUR DE CASSIS. Et les fenêtres qui sont grillées!

SERPOLET. Nous v'là prisonniers!

FULGURIN, apparaissant à un œil-de-bœuf qui se forme au fond. Oui, prisonniers de Fulgurin!

TOUS. Fulgurin!

FULGURIN. Amusez-vous bien! moi, je cours retrouver Elmina!

Il disparaît ainsi que l'œil-de-bœuf.

SERPOLET. Nous sommes tombés dans un piége!

LE ROI. C'était un traquenard!

SERPOLET, cherchant partout. Où trouver une issue? Comment sortir de cette souricière!

La Fée des Eaux, revenant par la gauche.

Par ici!

Elle touche le mur du fond avec la baguette, les portes reparaissent.

SERPOLET. Ah! sauvé!..

COQUELUCHE. Merci, mon Dieu!

SERPOLET, COQUELUCHE et JARNICOTON.

ENSEMBLE
Air précédent.

Bien vite, courons,
Ne craignons plus d'obstacle!
Bien vite, courons,
Nous la retrouverons!

Ils sortent précipitamment.

SCÈNE VI

LE ROI, FLEUR DE CASSIS, LA FÉE DES EAUX.

LA FÉE DES EAUX, au roi qui va pour sortir. Où vas-tu?

LE ROI. Retrouver aussi ma fille Elmina.

LA FÉE DES EAUX. Elmina n'est pas ta fille.

LE ROI. Ah! bah!

FLEUR DE CASSIS. Et voilà trois jours et trois nuits que vous me faites courir après elle!

LE ROI. Vous êtes superbe. Est-ce que je n'y cours pas moi-même?

FLEUR DE CASSIS. Vous, c'est différent... c'est le devoir d'un père.

LE ROI, criant. Mais puisque je ne le suis pas... C'est-à-dire si fait, je le suis!... car enfin j'en avais une, de fille... Elle doit se retrouver.

LA FÉE DES EAUX. La voilà.

SCÈNE VII

LES MÊMES, GRENOUILLETTE.

LE ROI, ahuri. Hein? qui ça? Où ça, ma fille?

GRENOUILLETTE. Moi, papa.

LE ROI et FLEUR DE CASSIS. Une grenouille!...

LE ROI. Comment, j'ai pour fille une grenouille ?

GRENOUILLETTE. Hélas ! oui.

LA FÉE DES EAUX. C'est la princesse Émeraudine...

GRENOUILLETTE. Surnommée Grenouillette.

Air de la Promise.

Cette aventure est touchante :
Ma nourrice, certain soir,
Dans le fond du Puits-Qui-Chante
Par malheur me laissa choir.
Plus tard, fillette jolie,
Je plaisais, et voyant ça,
Clapotte, par jalousie,
En grenouille me changea.
 Ah ! ah ! ah ! ah !
Plaignez-moi, papa !
 Ah ! ah ! ah ! ah !
Plaignez-moi, papa !...
Mon histoire, la voilà !

LE ROI et FLEUR DE CASSIS.

Son histoire, la voilà !

LE ROI, confondu. Une grenouille !... Que vont penser mes sujets ?

GRENOUILLETTE. Tu me repousses, papa ?

LE ROI. Non ! non ! Un père est toujours père !... Dans mes bras ! *Il les lui tend.*

GRENOUILLETTE, s'y jetant. Ah !...

LE ROI, Assez !... prends garde de me mouiller. (A part, réfléchissant.) Au fait, une grenouille, ça indique la pluie et le beau temps... Elle me servira de baromètre !... (Haut.) Partons !

FLEUR DE CASSIS. Comment, nous allons sortir avec ça ?

GRENOUILLETTE. Ça !

LE ROI, offensé. Ma sœur !...

FLEUR DE CASSIS. Je n'ai pas envie de prêter à rire aux populations.

LE ROI. Qu'est-ce dire ?

FLEUR DE CASSIS. Et je vous déclare que je ne me montrerai jamais en compagnie d'une grenouille.

LE ROI. Ah ! que je suis donc fâché de l'avoir rachetée ! Je regrette mes dix francs !

FLEUR DE CASSIS. Oui, je vous conseille d'en parler. Tenez, vous n'êtes qu'un pleutre !

LE ROI. Fleur de Cassis !...

FLEUR DE CASSIS, continuant. Un polichinelle...

LE ROI. Corbleu !

FLEUR DE CASSIS. Un César de carton.

LE ROI, furieux. Ventre-saint-gris ! ne m'agacez pas ! Je suis terrible quand je m'y mets !...

GRENOUILLETTE, cherchant à le calmer. Papa !

LE ROI. Je ne m'y mets pas souvent, mais quand je m'y mets, c'est ça !

FLEUR DE CASSIS. Ciel ! quel regard !

LE ROI, marchant vers elle. Voilà pas mal de temps que vous m'astiotez, et je me sens capable...

FLEUR DE CASSIS. Ah ! il me fait peur !... *Elle se réfugie derrière les rideaux de la fenêtre.*

LE ROI. Oh ! tu ne m'échapperas pas !...

Il se précipite vers le rideau sous lequel se dessine la forme de Fleur de Cassis, le saisit, l'arrache, le pétrit, le broie entre ses mains, pendant qu'on entend Fleur de Cassis crier : Ah ! gredin ! ah ! brigand ! scélérat ! — Puis la voix s'éteint, et le roi, qui a réduit le corps de Fleur de Cassis enveloppé du rideau à l'état d'une boulette, met le tout dans sa poche en disant de l'air le plus tranquille :

Là !... Comme ça, elle ne m'ennuiera plus !

GRENOUILLETTE. Ma pauvre tante !

LE ROI, noblement. Suivez-moi, ma fille !

Ils sortent. — Changement.

<hr>

DIX-HUITIÈME TABLEAU

Le palais du feu.

SCÈNE PREMIÈRE

PHOSPHORIEL, FLAMMÈCHE, SALAMANDRES, puis FULGURIN et ELMINA.

CHŒUR

Air de Robert-le-Diable.

Lutins, salamandres,
Entonnons gaiment
Les chants les plus tendres
Pour ce jour charmant !

FULGURIN et ELMINA, entrant.

Devant cette belle
Tous inclinez-vous !
Qu'on brûle pour elle
L'encens le plus doux

LE CHŒUR.

L'encens le plus doux !

FULGURIN.

Vive l'allégresse !
Et qu'enfin son cœur
Partage l'ivresse
D'un heureux vainqueur !

CHŒUR.

Lutins, salamandres,
 Etc., etc...

ELMINA. Où suis-je ? Où me conduisez-vous ?

FULGURIN. Dans mon palais, dont tu vas devenir la reine...

ELMINA. La reine, moi !

FULGURIN. Et où j'ai voulu donner une fête pour célébrer nos fiançailles.

ELMINA, à part. Moi, sa femme ?... Oh ! jamais !

FULGURIN. Allons, Phosphoriel, donne le signal !

PHOSPHORIEL. Oui, maître.

Il fait un signe. — Toutes les divinités du feu envahissent le théâtre. — Fulgurin va s'asseoir sur un trône où il force Elmina à prendre place à ses côtés.

BALLET DES SALAMANDRES

A la fin du ballet, Serpolet paraît, se glisse jusqu'auprès du trône sur lequel Fulgurin est assis et verse sur lui l'eau contenue dans son flacon. — Aussitôt la nuit se fait, tout disparaît derrière un rideau représentant des cataractes.

<hr>

DIX-NEUVIÈME TABLEAU

Des cataractes.

SCÈNE UNIQUE

FULGURIN et LA FÉE DES EAUX.

Fulgurin, poursuivi par la Fée des Eaux, entre par la gauche.

FULGURIN. Que me veux-tu ?

LA FÉE DES EAUX. Eh ! bien, Fulgurin, cette fois tu ne peux lutter contre moi... l'eau envahit ton palais...

FULGURIN. Je lutterai jusqu'au bout.

LA FÉE DES EAUX. A quoi bon ?... Serpolet possède l'eau magique qui vient d'anéantir à tout jamais ta puissance..... Rends-lui donc le talisman qui doit assurer son bonheur.

FULGURIN. Cette peau d'anguille ? Jamais !

LA FÉE DES EAUX. Alors, tu céderas à mon pouvoir ! Regarde !...

Elle lève sa baguette. — Le rideau se lève et découvre la décoration finale.

<hr>

VINGTIÈME TABLEAU

Grande apothéose.

CHŒUR

Air nouveau de M. Raspail.

Gloire, honneur à l'amour fidèle !
C'est le premier des talismans !
Enfin une chaine éternelle
Vient unir ces heureux amants !

FIN.

Clichy. — Imprim. Paul Dupont, rue du Bac-d'Asnières, 12.